Editorial
NUN

BENEDICTO XVI

El Papa de la fe y de la razón

Editorial
NUN

Editorial NUN
es una marca de Editorial Notas Universitarias, S.A. de C.V.

Xocotla 17, Tlalpan Centro II, alcaldía Tlalpan,
C. P. 14000, Ciudad de México

www.editorialnun.com.mx

Versión impresa, ISBN: 978-607-59506-9-3
Versión digital, ISBN: 978-607-59598-1-8

Dirección editorial y composición de portada: Miryam D. Meza Robles
Corrección de estilo: Esteban Manteca Aguirre
Cuidado de la edición: Felipe G. Sierra Beamonte
Imagen de portada: Papa Benedicto XVI Abaca Press / Alamy Stock Photo
Impreso en México

MARIANO FAZIO

BENEDICTO XVI

El Papa de la fe y de la razón

Índice

Presentación

Desde su retiro discreto en un convento en la ciudad del Vaticano, el Papa emérito Benedicto XVI acompañó la vida de la Iglesia entre 2013 y 2022 con su oración y su ofrecimiento al Señor de las dificultades que acompañaron sus limitaciones de salud, propias de la vejez. El Papa alemán, tildado por algunos como conservador y opuesto a los cambios, había tomado una decisión revolucionaria: consciente de que había perdido las fuerzas necesarias para desempeñar su función de Romano Pontífice, renunció a su cargo con una libertad de espíritu admirable.

Quien en abril de 2005 fuera elegido sucesor de san Pedro tenía una larga historia personal. Joseph Ratzinger era uno de los teólogos de la Iglesia católica más destacados del siglo xx. Cuando fue llamado por Juan Pablo II para colaborar con él en la curia romana, puso toda su sabiduría al servicio de la Iglesia universal. El profesor universitario se convirtió pronto en un protagonista central del mundo católico y de la escena internacional. Sin embargo, la creciente importancia de su persona no le quitó nunca su humildad, su discreción, su saber estar en el lugar que le correspondía. Las primeras palabras públicas que pronunció una vez elegido Papa ponían en evidencia estos rasgos característicos de su personalidad. Se definía a sí mismo como "un simple y humilde trabajador en la viña del Señor".

En estas palabras introductorias quisiera dejar constancia de una anécdota personal. No por vanidad, sino como un aporte a la difusión de la imagen auténtica de Benedicto XVI. Algunos medios de comunicación lo presentaron como el Gran Inquisidor, el *Panzer Kardinal*, el rottweiler de Dios, y otros epítetos del mismo tono. A medida que fue transcurriendo su pontificado, y en particular a través de sus viajes, la imagen fue cambiando poco a poco, aunque todavía perdura en muchos la visión de Benedicto XVI como la de un frío profesor alemán. Trabajé en una universidad pontificia, en Roma, durante 17 años. Tuve la oportunidad de ver al cardenal Ratzinger e intercambiar algunas palabras con él en pocas oportunidades. La primera vez que lo vi personalmente me sorprendieron su sencillez, su cercanía, su finura en el trato, y una especie de fragilidad física que despertaba deseos de protegerlo; como se ve, una imagen muy alejada de la difundida por algunos medios de comunicación. En octubre de 2005 pude saludar personalmente al nuevo Papa. Cuando me presentaron como rector de la Pontificia Universidad de la Santa Cruz, Benedicto XVI, con una sonrisa, me dijo en perfecto italiano: *Ci conosciamo!* (ya nos conocemos). Confieso que me sorprendió que me reconociera pues nos habíamos tratado muy poco: yo era una persona, y no precisamente la más importante, entre miles que él había tratado.

Inmediatamente pasó a preguntarme cosas muy concretas sobre la universidad, manifestando un conocimiento claro de la institución. Entre 2005 y 2008 pude saludarlo aproximadamente unas 15 veces. Siempre tuvo palabras de afecto, personales, como si fuéramos viejos amigos. El día que me despedí de él, comunicándole que dejaba Roma y regresaba a la Argentina, exclamó en expresión bien italiana: *peccato!*, que se podría traducir como un ¡qué pena!, aludiendo después a mi trabajo académico. En mis encuentros con el Papa siempre me sentí una persona única, irrepetible, a quien le interesaba. Con estilos diversos y personalidades diferentes, también de Benedicto XVI se puede decir, como de san Juan Pablo II, que fueron expertos en humanidad.

El libro que el lector tiene en sus manos sólo pretende presentar un bosquejo de su vida y de sus enseñanzas. He seguido un esquema similar a las biografías que escribí sobre san Juan XXIII y san Pablo VI, publicadas en esta misma editorial. Pido a Dios que la lectura de estas páginas nos ayude a convertirnos un poco más, como reza el lema episcopal de Ratzinger y de Benedicto XVI, en *cooperadores de la verdad*.

Roma, 31 de diciembre de 2022
Día del fallecimiento de Benedicto XVI

I
De Baviera a Roma
(1927-1981)

Infancia y adolescencia en la Baja Baviera

Joseph Aloisius Ratzinger nació el 16 de abril de 1927 en Marktl am Inn, Baja Baviera, y fue bautizado ese mismo día. Era Sábado Santo. Su padre lo llevó inmediatamente a la iglesia del pueblo, y el recién nacido recibió las aguas regeneradoras que acababan de ser bendecidas, pues la ceremonia de la vigilia pascual tenía lugar en esa época en la mañana del sábado. El futuro Papa siempre tendría presente que su ingreso en el mundo y en la Iglesia coincidió con la llegada de la vida nueva de la Resurrección. En sus recuerdos, escribía que

> ser el primer bautizado con la nueva agua se consideraba como un importante signo premonitorio. Siempre ha sido muy grato para mí el hecho de que, de este modo, mi vida estuviese ya desde un principio inmersa en el misterio pascual, lo que no podía

ser más que un signo de bendición. Indudablemente no era el domingo de Pascua, sino exactamente el Sábado Santo. No obstante, cuanto más lo pienso, tanto más me parece la característica esencial de nuestra existencia humana: esperar todavía la Pascua y no estar aún en la luz plena, pero encaminarnos confiadamente hacia ella.[1]

La familia de Ratzinger estaba formada por su padre: Joseph; su madre: María, y sus hermanos mayores: María y Georg. Joseph Ratzinger padre era comisario de gendarmería; hombre piadoso, con sólidos principios morales, de carácter más bien serio y reservado. Su madre era una mujer llena de vida, tierna y hacendosa, que ayudaba como podía a sacar adelante la no muy boyante economía familiar. Por motivos del trabajo del jefe de la familia, los cambios de domicilio fueron frecuentes. En 1929 se trasladan a Tittmoning, pueblo encantador, ubicado en los límites fronterizos con Austria. Después estarán en Aschau, hasta que se establecen en 1937 en Hufschlag, un caserío cercano a Traunstein, pueblo de 10 000 habitantes situado a 30 kilómetros de Salzburgo. Su infancia, por tanto, transcurre en la Baja Baviera, en localidades cercanas al santuario mariano de Altötting, visitado muchas veces por la familia. El ambiente en casa Ratzinger era el propio de una familia de hondas raíces cristianas, con intereses culturales altos y con ingresos económicos mediocres. Su hermano Georg cultivó la música desde pequeño, y toda la familia vivía en una atmósfera "mozartiana".

En 1939 Joseph ingresa junto con Georg al seminario menor en Traunstein e inicia su preparación

---

[1] J. Ratzinger, *Mi vida*, Encuentro, Madrid, 2006, p. 36.

para el sacerdocio. No fue fácil la adaptación de Joseph a un horario muy estricto, aunque estudió con fruición las materias del currículo. Al cambio del ritmo de vida se suma el ambiente asfixiante de la Alemania de aquel entonces, con el nacionalsocialismo en el poder. Los dos hermanos son obligados –como todos los jóvenes de más de 14 años– a ingresar en las juventudes hitlerianas. El rechazo de la ideología nazi es total en la familia. Su padre había logrado jubilarse en el momento oportuno para evitar colaborar con el régimen.

En 1943, durante la segunda Guerra Mundial, es enrolado en los servicios auxiliares aéreos. Joseph pasará dos años en las afueras de Múnich, en las baterías antiaéreas. Son los años en los que se desarrolla la acción antinazi de la organización La Rosa Blanca, por la que Ratzinger siempre mostró una gran admiración. Antes de que finalice la guerra lo trasladan a la frontera con Chequia y Hungría, para trabajar en construcciones militares. En 1945, terminado el conflicto, pasa unas semanas como prisionero de guerra en un campo del ejército americano. En junio de ese año regresa a la casa familiar, con gran alivio de sus padres y de su hermana María. Georg haría lo mismo un poco más tarde.

Seminarista en Frisinga y Múnich

Con un panorama político radicalmente cambiado en una Alemania que sale exhausta del conflicto –una gran parte de la población sufría de hambre y de frío causados por la escasez de alimentos y de combustible– los dos hermanos comienzan sus estudios en el seminario mayor de Frisinga, a finales de 1945. Frisinga era la capital espiritual de Baviera; la catedral, los antiguos monasterios, el gran seminario daban el tono a la ciudad, Joseph hace sus estudios filosóficos allí. Entra en contacto con algunas posturas personalistas y existencialistas, y en particular con la filosofía dialógica de Martin Buber. Además de profundizar en las materias del plan de estudios, lee con voracidad a los autores que en ese momento estaban publicando ensayos y novelas. Entre sus lecturas destacan los clásicos alemanes –en particular, Goethe–, Hermann Hesse, Gertrud von le Fort, Franz Kafka, Peter Wust, Theodor Haecker, etc. También presta atención a los autores franceses del *Renouveau catholique:* Claudel, Mauriac, Bernanos. Joseph había heredado de su padre una profunda admiración por la cultura francesa. No faltaron tampoco entre sus lecturas las dos distopías escritas en esos años: *Un mundo feliz* de Aldous Huxley, y *1984* de George Orwell. Pero el encuentro cultural y espiritual más decisivo fue con san Agustín, a quien consideró siempre un compañero de viaje. Para Ratzinger, el obispo de Hipona representa el prototipo del hombre moderno, buscador de la verdad y del sentido de la existencia humana. Agustín será un punto de referencia constante en su pensamiento, y también en su pontificado. En un libro que lleva como título su lema episcopal, *Colaboradores de la verdad*, escribía: "Pocos santos se nos presentan tan cercanos, a pesar de la distancia de los años, como san Agustín. En sus obras podemos encontrar todas las cimas y profundidades de lo humano, todas las preguntas, pesquisas e indagaciones que todavía hoy nos conmueven. No sin razón se le ha llamado el primer hombre moderno".[2]

---

[2]   J. Ratzinger, *Colaboradores de la verdad*, Rialp, Madrid, 1991, p. 394.

Acabados los estudios filosóficos, Joseph prosigue su formación en la Facultad de Teología de la Universidad de Múnich. La ciudad estaba en plena fase de reconstrucción, y las limitaciones materiales eran evidentes por todas partes. Sus profesores tenían gran nivel académico. La mayoría de ellos manifiesta su voluntad de hacer una teología nueva, más adecuada a la cultura contemporánea. No faltan las críticas a Roma y al magisterio de Pío XII. Ratzinger recuerda que

mientras en los ambientes católicos de la Alemania de entonces había, en general, un sereno consentimiento hacia el papado y una sincera veneración por la gran figura de Pío XII, el clima que dominaba en nuestra facultad era un poco más tibio. La teología que aprendíamos estaba ampliamente impregnada por el pensamiento histórico, de forma que el estilo de las declaraciones romanas, más ligado a la tradición neoescolástica, sonaba un tanto extraño. A esto contribuía un poco también, quizás, cierto orgullo alemán, que nos llevaba a considerar que sabíamos más que los de "allá abajo". También las experiencias que había vivido nuestro veneradísimo profesor Maier [había sido apartado de su cátedra por un tiempo, por orden de Roma, N. del A.] suscitaban en nosotros dudas sobre la oportunidad de ciertas declaraciones romanas [...]. Pero este tipo de reservas y de sentimientos no mermaron en ningún momento la profunda aceptación del primado petrino, en la forma en que había sido definido por el concilio Vaticano I.[3]

---

[3]   J. Ratzinger, *Mi vida*, p. 100.

En Múnich, Ratzinger elabora su tesis doctoral con el profesor Gottlieb Söhngen: en nueve meses redacta *Pueblo y casa de Dios en la doctrina de san Agustín sobre la Iglesia*. Durante su elaboración tuvo otro encuentro cultural decisivo: la lectura de *Catholicisme*, obra fundamental del dominico francés Henri de Lubac.

Ordenación sacerdotal y práctica pastoral

El 29 de junio de 1951 recibe la ordenación sacerdotal, junto a su hermano Georg y otros 41 compañeros, en la catedral de Frisinga, de manos del cardenal Michael von Faulhaber. Recuerda Ratzinger:

> Cuando fuimos llamados respondíamos "Adsum": "Aquí estoy". Era un espléndido día de verano que permanece inolvidable como el momento más importante de mi vida. No se debe ser supersticioso, pero en el momento en que el anciano arzobispo impuso sus manos sobre las mías, un pajarillo –tal vez una alondra– se elevó del altar mayor de la catedral y entonó un breve canto gozoso; para mí fue como si una voz de lo alto me dijese: "Va bien así, estás en el camino justo".[4]

Joseph es nombrado coadjutor de una parroquia en Bogenhausen, un distrito distinguido de Múnich. Allí estará hasta finales de 1952. A pesar de su timidez, el joven sacerdote se desempeñó con celo y estableció muchas relaciones de amistad con su feligresía. Aprendió a hablar con los niños, animó a un grupo de

---

[4]   *Ibid.*, p. 106.

jóvenes, consoló a los ancianos y enfermos. Sus homilías estaban muy bien preparadas y los fieles las apreciaban. Cuando le comunicaron que había sido nombrado profesor del seminario de Frisinga, tuvo sentimientos encontrados, pues se hallaba muy a gusto en su labor pastoral.

Profesor en Frisinga

En 1953 discute su tesis doctoral, por la que recibe elogios de todo el mundo académico. Joseph debe enseñar diversas disciplinas teológicas. Sus clases se convierten en auténticos acontecimientos en Frisinga: los alumnos se apelotonaban para seguir las explicaciones del joven profesor. Todos notaban algo novedoso en la explicación de los misterios de fe. Las imágenes audaces y gráficas a la vez, su cuidadísimo alemán, que hacía que hablara como si escribiera, levantaban admiración y entusiasmo en la audiencia. Sin embargo, la carrera académica de Ratzinger, hasta ahora sin obstáculos, encontró una dificultad inesperada: el profesor Söhngen lo anima a preparar otra tesis para su habilitación como profesor titular; le indica un tema relativo a la teología de la historia de san Buenaventura. Joseph se entusiasma y redacta un texto de más de 700 páginas, donde analiza el concepto de revelación del teólogo franciscano, poniéndolo en diálogo con el abad Joaquín de Fiore, visionario calabrés a caballo entre los siglos XI y XII. En 1957 presentó su trabajo, que fue rechazado por el segundo revisor de la tesis, el conocido teólogo dogmático y medievalista Michael Schmaus; no faltaron en esta actitud celos académicos entre Söhngen y Schmaus, además de una diferente visión teológica con el joven Ratzinger.

Finalmente, Joseph decide presentar sólo una parte del trabajo –en la que Schmaus no había hecho observaciones– y no sin dificultades supera todas las pruebas académicas necesarias para la habilitación. En 1959 publica su tesis bajo el título *La teología de la historia de san Buenaventura*.

Durante estos años el mundo había cambiado, y también la flamante República Federal de Alemania. Se estaba produciendo el milagro económico, el nivel de vida había mejorado notablemente, Adenauer regía con acierto los destinos del país, se había constituido con Francia, Italia y el Benelux el germen de la Comunidad Europea. En el seno de la Iglesia católica moría en octubre de 1958 Pío XII. Con él acababa toda una época. La elección de Juan XXIII al trono de Pedro coincide con el traslado de Ratzinger a Bonn, en cuya universidad le habían ofrecido una cátedra.

En Bonn

Bonn era la capital provisional de la República Federal, a la espera de una reunificación, por el momento muy improbable, con la República Democrática de Alemania, que estaba bajo el gobierno comunista. El joven profesor se encarga de la Teología fundamental, que será su materia predilecta. Como en Frisinga, también en Bonn tiene un notable éxito entre los alumnos y los oyentes que acuden a sus clases. Son años en los que entabla relaciones de amistad con otros profesores universitarios: Hubert Jedin, historiador del Concilio de Trento; el pastor y teólogo luterano, posteriormente converso al catolicismo, Heinrich Schlier, y el indólogo Paul Hacker. En este periodo trata al conocido teólogo suizo Hans Urs von Balthasar y comienza una amistad que durará hasta la muerte de éste. Desde un punto de vista más doméstico, Ratzinger vive en un apartamento con su hermana María, que le resuelve muchas de las cuestiones ordinarias de la vida. En 1959 fallece su padre.

La rutina académica de Bonn se interrumpe con un acontecimiento que cambiará su vida y la de la Iglesia del siglo xx: el Concilio Vaticano II. Joseph Frings, cardenal de Colonia –arquidiócesis a la que pertenecía Bonn–, descubre en el profesor Ratzinger un colaborador insustituible para que le ayude en los trabajos preparatorios del Concilio: le encarga revisar los esquemas que le van enviando desde Roma; le pide que le prepare el texto de una conferencia que debía dar en Génova sobre el futuro Concilio, intercambian opiniones teológicas y pastorales. Frings se da cuenta de la capacidad crítica de Ratzinger y, al mismo tiempo, de su amor por la Iglesia. Finalmente, decide llevarlo consigo a Roma, como su asesor teológico.

El Concilio Vaticano II

De 1962 a 1965 Joseph Ratzinger participó en las cuatro sesiones del Concilio Vaticano II. En la primera, en la que fue nombrado oficialmente perito, tuvo un papel relevante: frente a un nutrido grupo de obispos y teólogos del área alemana dicta una conferencia sobre el esquema propuesto por la curia romana acerca de la revelación. Ratzinger lo critica en su totalidad, y propone un nuevo enfoque, mucho más adecuado a la mentalidad contemporánea y a los últimos estudios teológicos; la propuesta era audaz, pues el esquema había sido aprobado por Juan XXIII. Tanto el cardenal Frings como el cardenal francés Lienart proponen el cambio de esquema y después de varias peripecias se aprueba la propuesta elaborada en conjunto por Ratzinger y el teólogo jesuita Karl Rahner. Se trataba de un momento importantísimo, pues quedaba claro desde el principio que el Concilio no seguiría dócilmente los esquemas presentados por la curia romana, y reivindicaba para sí una gran libertad de movimiento y de opinión.

El profesor Ratzinger cobra creciente fama después de sus intervenciones en la primera sesión del Concilio. Es invitado a dictar numerosas conferencias, siempre muy concurridas. Le ofrecen una cátedra de teología dogmática en la Universidad de Münster, que termina aceptando, pues el ambiente en Bonn se hizo más complicado a causa de envidias académicas e incomprensiones en el claustro de su facultad. En 1963 fallece su madre.

Durante las sesiones del Concilio tiene oportunidad de conocer personalmente a los mayores exponentes de la *nouvelle théologie:* su admirado Henri de Lubac, el dominico francés Yves Congar y el belga Gérard Phillips. Profundiza en el trato con Rahner: aunque comparten muchos puntos de vista, Ratzinger encuentra su teología muy dependiente de premisas filosóficas alemanas, que hacen que sus propuestas sean poco claras, a diferencia de la teología por él mismo cultivada, que se fundamenta sobre todo en la sagrada escritura y en los Padres de la Iglesia.

Mientras se desarrollaba el Concilio se observa en Ratzinger una evolución interior. Está satisfecho con los documentos que se van aprobando de sesión en sesión. Piensa que se ha alcanzado una intelección de la fe más evangélica y anclada en la tradición antigua, y que ha habido un proceso de liberación de elementos racionalistas que se fueron adhiriendo a la explicación de la verdad cristiana durante los últimos siglos de la Modernidad. Al mismo tiempo, advierte ya en algunos miembros del Concilio una tendencia a separar los documentos magisteriales de un supuesto "espíritu" del Concilio, que en realidad estaba traicionando la letra de esos mismos documentos. Observa con preocupación un proceso de rebajamiento de las exigencias de la fe y un alejamiento del pueblo fiel de sus prácticas de piedad.

En una página densa de sus recuerdos, Ratzinger manifiesta una especial preocupación por lo que estaba sucediendo en Alemania. Cuenta que en su tierra natal

> crecía cada vez más la impresión de que en la Iglesia no había nada estable, que todo podía ser objeto de revisión. El Concilio parecía asemejarse a un gran parlamento eclesial, que podía cambiar todo y revolucionar cada cosa a su manera. Era muy evidente que crecía un resentimiento contra Roma y la Curia, que aparecían como el verdadero enemigo de cualquier novedad y progreso. Las discusiones conciliares eran presentadas cada vez más según el esquema de partidos típico del parlamentarismo moderno. A quien se informaba de esta manera, se veía inducido a tomar a su vez posición a favor de un partido. [En este contexto dialéctico, el] papel que los teólogos habían adoptado en el Concilio creó entre los estudiosos una nueva conciencia de sí mismos: comenzaron a sentirse como los verdaderos representantes de la ciencia y, precisamente por esto, ya no podían aparecer sometidos a los obispos. De hecho, ¿cómo habrían podido los obispos ejercitar su autoridad magisterial sobre los teólogos, desde el momento en que sus tomas de posición derivaban del parecer

de los especialistas y dependían de la orientación in-
dicada por los eruditos? [...]. Tras esta tendencia del
predominio de los especialistas se percibía otra cosa:
la idea de una soberanía eclesial popular en la que el
pueblo mismo establece aquello que quiere entender
con el término Iglesia, que aparecía ya claramente
definida como pueblo de Dios. Se anunciaba así la
idea de "Iglesia desde abajo", de "Iglesia del pueblo",
que después, sobre todo en el contexto de la teología de la liberación, se convirtió en el fin mismo de
la reforma.[5]

Tubinga

En 1965, a instancias de Hans Küng, Ratzinger abando-
na Münster para dictar clases en la Facultad de Teología
Católica de la célebre Universidad de Tubinga. Dicha facultad convivía con la protestante, que tenía un mayor
número de alumnos. Las divergencias entre Ratzinger y
Küng se hicieron notar muy pronto: aquél apoyaba una
renovación de la Iglesia desde la tradición, mientras
Küng proponía cortes con la misma tradición, con una
actitud autorreferencial y propagandística que se encontraba en las antípodas del profesor bávaro.

Los temores de Ratzinger de una mala interpretación del Concilio se hicieron realidad muy pronto, con
el descenso radical de las prácticas sacramentales –asistencia a la Misa dominical, confesión auricular, etc.– y
con las continuas experimentaciones litúrgicas que des-
decían la santidad de los misterios que se celebraban
sobre el altar. No fue el único en alzar la voz, pero poco

---

[5]   *Ibid.*, pp. 150-151.

a poco se fue consolidando en la opinión pública y en amplios ambientes eclesiásticos la visión de un Ratzinger conservador que había traicionado el "espíritu" del Concilio. Nada más lejos de la verdad, pues fue precisamente él uno de los que más contribuyeron a que la asamblea conciliar diera a luz un conjunto de documentos renovadores dentro de la tradición multisecular de la Iglesia. Henri de Lubac apoyó públicamente algunas de las posiciones valientes de Ratzinger. También su "patrono" en el Concilio, el cardenal Frings, se quejaba amargamente de los caminos desviados que estaban tomando la Iglesia y la teología alemanas postconciliares. Por no citar a Pablo VI, que desde el Vaticano se lamentaba de la crisis de fe que se esparcía por vastos ambientes de la cristiandad.

Las revueltas estudiantiles de 1968, que en Alemania cobraron particular virulencia, encuentran a Ratzinger como decano de la Facultad de Teología de Tubinga. El profesor debe enfrentar una situación complicada, pero logra establecer canales de diálogo con quienes están dispuestos a escuchar una voz distinta a la de su ideología. Joseph lamenta que la esperanza escatológica cristiana se transformara –también en las aulas de teología– en las promesas marxistas del paraíso comunista sin clases.

En Tubinga publica un libro de alta divulgación, fruto de un curso dictado en la Universidad, que se transformará en un *best seller*: *Introducción al cristianismo*. En sus páginas se observa la preocupación de Ratzinger por exponer lo esencial de la fe cristiana en un ambiente en donde la secularización avanzaba de una manera acelerada.

Ratisbona

Joseph cambiará otra vez de casa de estudios. Le proponen una cátedra en Ratisbona. Acepta por varios motivos: quería alejarse del ambiente crispado de Tubinga, le entusiasmaba volver a su Baviera natal y reunirse con su hermano Georg, que era el maestro del coro de niños de la catedral de esa ciudad a orillas del Danubio. Los tres hermanos estarían nuevamente juntos. Ratisbona le ofrece unas circunstancias adecuadas para escribir con más calma; publicará un tratado de escatología y varios ensayos. Sus clases siguen atrayendo la atención de toda la Universidad, y su fama, ya consolidada, lo lleva a varios países de Europa, donde dicta conferencias, participa en congresos y entabla relaciones con teólogos y obispos que comparten con él su preocupación por la situación de la Iglesia en Alemania y en el mundo occidental.

En 1969 es nombrado miembro de la recién creada Comisión Teológica Internacional. En 1972, junto con Hans Urs von Balthasar, Henri de Lubac y otros grandes teólogos, funda *Communio*, una revista que dejará su impronta en el debate teológico-cultural contemporáneo. Ratzinger es el vicedirector de redacción.

Arzobispo de Múnich

Inesperadamente, el 25 de marzo de 1977 Pablo VI lo nombra arzobispo de Múnich y Frisinga. Ratzinger tiene dudas de aceptar o no. Lo consulta con el Señor en la oración y con un colega y amigo, el profesor Auer, y finalmente da el sí. El nombramiento es sorprendente, porque de manera habitual se nombra arzobispo de una sede tan importante como Múnich a alguien con experiencia episcopal. En este caso, el simple sacerdote y profesor ha de ser ordenado obispo. El nombramiento le supone un gran sacrificio, pues deberá recortar su dedicación a tareas académicas. Su lema episcopal –*Colaboradores de la verdad*– quiere subrayar la unidad de su vocación al servicio de la Iglesia. Así lo explica:

> Me parecía que [esas palabras] podían representar bien la continuidad entre mi tarea anterior y el nuevo cargo; porque, con todas las diferencias que se quieran, se trataba y se trata siempre de lo mismo: seguir la verdad, ponerse a su servicio. Y desde el momento en que en el mundo de hoy el argumento "verdad" ha casi desaparecido porque parece demasiado grande para el hombre y, sin embargo, si no existe la verdad todo se hunde, este lema episcopal me pareció que era el que estaba más en la línea con nuestro tiempo, el más moderno, en el sentido bueno del término.[6]

Pocos meses después, el 27 de junio de 1977, es creado cardenal por el Papa Pablo VI. En 1978 participó en el cónclave que eligió a Juan Pablo I, quien lo nombró su representante en el III Congreso Mariológico Internacional en Guayaquil, Ecuador. Cuando estaba en ese país sudamericano fallece el Papa recién elegido; Ratzinger regresa a Europa y en octubre de ese mismo año participa, siendo el más joven del colegio cardenalicio, en el cónclave que eligió a Juan Pablo II. En 1980 fue relator en la V Asamblea General Ordinaria del Sínodo de Obispos sobre la familia.

---

[6] *Ibid.*, p. 185.

Sus cinco años al frente de la arquidiócesis bávara fueron muy intensos. Se gana el afecto y el cariño de la mayoría de los fieles católicos. Sus homilías, profundas y claras a la vez, son muy escuchadas. Visita las parroquias, dialoga con todos, promueve la catequesis, está presente en la vida pública de Baviera. No le entusiasman las numerosas reuniones a las que tiene que acudir, y en particular sale muy preocupado de los encuentros con el clero, pues muchos de los sacerdotes estaban imbuidos de un espíritu crítico poco constructivo. No hay duda de que esos años completaron la formación de Ratzinger, que hasta ese momento había sido casi exclusivamente académica.

II
Roma: el guardián de la fe
(1981-2005)

El 25 de noviembre de 1981 acepta la invitación del Santo Padre Juan Pablo II para ser prefecto de la Congregación para la Doctrina de la Fe, otro cambio fundamental en su existencia. Antes de aceptar, puso la condición de poder seguir publicando, pues sentía que su vocación más profunda era la de teólogo al servicio del pueblo de Dios. Los actos de despedida de Múnich, multitudinarios y llenos de afecto, muestran a las claras cómo el arzobispo se había ganado a su gente.

Ratzinger se convierte pronto en el hombre de confianza de Juan Pablo II. En 1983 predicará los ejercicios espirituales al Papa y a la curia romana. Vive en un apartamento en la Piazza della Città Leonina, junto a los muros vaticanos, acompañado por su fiel hermana María.

La fama de Ratzinger como un cardenal conservador, que traicionó el espíritu del Vaticano II, se hizo aún más fuerte en los *mass media*: ahora se convertía en el "gran Inquisidor", pues la Congregación era el antiguo Santo Oficio, es decir la Inquisición romana. Sin embargo, el nuevo prefecto se esforzó por trabajar de manera transparente y justa. Entre las funciones de la Congregación está la de juzgar a profesores y miembros de la jerarquía acusados de alejarse con sus enseñanzas públicas de la fe católica. Ratzinger siempre garantizó un juicio justo, subrayando los derechos del acusado a defenderse. Se dedicó de lleno a esta misión –que venía desempeñando en el pasado como profesor de teología– y sorprendió al mundo cuando en 1984 concedió una larga entrevista al escritor converso Vittorio Messori: a diferencia de sus predecesores, que mantuvieron un estilo muy discreto y reservado, habló públicamente de todos los desafíos que tenía como prefecto y de las oportunidades de la fe en el contexto histórico de ese momento. Fruto de la entrevista fue el libro *Informe sobre la fe,* que pronto se convirtió en un *best-seller.*

Teología de la liberación

Uno de los principales desafíos que hubo de afrontar fue el de la teología de la liberación. La situación política, económica y social de América Latina desde 1960 fue un buen caldo de cultivo para el surgimiento de líneas teológicas que subrayaban la función evangélica de denuncia de las injusticias y la necesidad de implementar cambios estructurales para resolver los urgentes problemas de desigualdad del subcontinente. En este contexto de generosa preocupación por los más necesitados no faltaron teólogos que utilizaron categorías marxistas para el análisis social, e incluso en casos extremos se justificó la violencia revolucionaria como una vía cristiana. Las fuentes teológicas no eran autóctonas, sino que dependían de algunos teólogos europeos, y en particular alemanes. Juan Pablo II encargó al cardenal Ratzinger que estudiara esta cuestión, de fundamental importancia teniendo en cuenta el peso de América Latina en la Iglesia universal. Fruto de este trabajo, la Congregación para la Doctrina de la Fe dio a luz dos instrucciones, en 1984 y en 1986.

La primera instrucción, *Libertatis nuntius*, del 6 de agosto de 1984, es una denuncia de la utilización del análisis marxista de la sociedad por parte de algunas líneas de la teología de la liberación. Con palabras textuales, el fin del documento es "atraer la atención de los pastores, de los teólogos y de todos los fieles, sobre las desviaciones y los riesgos de desviación, ruinosas para la fe y para la vida cristiana, que implican ciertas formas de teología de la liberación que recurren, de modo insuficientemente crítico, a conceptos tomados de diversas corrientes de pensamiento marxista".[1] La instrucción lamenta el poco uso que estos teólogos hacen de la tradición y del magisterio de la Iglesia, y vuelve a poner a la consideración los textos más importantes sobre la liberación cristiana del Vaticano II, de Pablo VI y de Juan Pablo II.

A su vez, se reafirma el compromiso de la Iglesia por la justicia social, y se denuncian las estructuras de pecado que existen en América Latina. Citemos otra vez el documento:

> Esta llamada de atención de ninguna manera debe interpretarse como una desautorización de todos

---

[1] Congregación para la Doctrina de la Fe, Instrucción *Libertatis nuntius*, 6 de agosto de 1984, Introducción.

aquellos que quieren responder generosamente y con auténtico espíritu evangélico a la "opción preferencial por los pobres". De ninguna manera podrá servir de pretexto para quienes se atrincheran en una actitud de neutralidad y de indiferencia ante los trágicos y urgentes problemas de la miseria y de la injusticia. Al contrario, obedece a la certeza de que las graves desviaciones ideológicas que señala conducen inevitablemente a traicionar la causa de los pobres. Hoy más que nunca, es necesario que la fe de numerosos cristianos sea iluminada y que éstos estén resueltos a vivir la vida cristiana integralmente, comprometiéndose en la lucha por la justicia, la libertad y la dignidad humana, por amor a sus hermanos desheredados, oprimidos o perseguidos. Más que nunca, la Iglesia se propone condenar los abusos, las injusticias y los ataques a la libertad, donde se registren y de donde provengan, y luchar, con sus propios medios, por la defensa y promoción de los derechos del hombre, especialmente en la persona de los pobres.[2]

La segunda instrucción, *Libertatis conscientiae*, del 22 de febrero de 1986, es más propositiva. La mayor parte del documento se centra en explicar en qué consiste la liberación cristiana: fundamentalmente, la liberación del pecado, del mal, hecha posible por la redención operada por Jesucristo. Se hace un repaso de la historia de las ideas desde el Renacimiento, en donde surgen los anhelos de libertad política y social, evidenciando luces y sombras en las corrientes culturales de los últimos siglos. A continuación, se exponen los grandes anhelos

---

[2]   *Ibid.*

de liberación presentes en la sagrada escritura, desde el libro del Éxodo hasta el Apocalipsis, pasando por los profetas y por el Evangelio. En la exégesis que realiza el documento se subraya la prioridad de una lectura espiritual de la liberación, que traerá como consecuencia el cambio de estructuras sociales injustas. La instrucción vuelve a proponer la doctrina social de la Iglesia como instrumento válido para una acción liberadora. Se destaca el papel central del trabajo y la necesidad de crear una cultura que lo favorezca para resolver muchos de los problemas sociales. A su vez, reafirmando la opción preferencial por los pobres, se dice que ésta no es exclusiva. Además, la instrucción recuerda que la misión de la Iglesia es orientar e iluminar con la luz del Evangelio sobre las cuestiones sociales, y que es misión especial de los laicos la tarea de la construcción de la ciudad temporal según los principios cristianos.

El documento –mejor aceptado que el primero, dado su carácter propositivo– finalizaba con las siguientes palabras:

> El sentido de la fe percibe toda la profundidad de la liberación realizada por el Redentor. Cristo nos ha liberado del más radical de los males, el pecado y el poder de la muerte, para devolvernos la auténtica libertad y para mostrarnos el camino. Éste ha sido trazado por el mandamiento supremo que es el mandamiento del amor. La liberación, en su primordial significación que es soteriológica, se prolonga de este modo en tarea liberadora y exigencia ética. En este contexto se sitúa la doctrina social de la Iglesia que ilumina la praxis a nivel de la sociedad.

> El cristiano está llamado a actuar según la verdad y a trabajar así en la instauración de la "civilización del amor" de la que habló Pablo VI.[3]

Catecismo de la Iglesia Católica

De 1986 a 1992 Ratzinger preside la Comisión para la Preparación del *Catecismo de la Iglesia Católica*, iniciativa del Papa que dio muchos frutos, pues el anterior catecismo universal databa del siglo xvi. La labor de coordinación del prefecto fue fundamental. El *Catecismo* fue publicado en octubre de 1992. Muchos años después, en 2005, pocos días antes del fallecimiento de Juan Pablo II, el cardenal Ratzinger firmaba la introducción al Compendio del Catecismo, resumen del mismo, escrito en un estilo dialogal y con imágenes que facilitan la catequesis.

Antes de que se publicara el *Catecismo*, Ratzinger enfrentó dos difíciles acontecimientos: en 1991 sufrió un ictus que mermó sus fuerzas físicas. Ese mismo año falleció María, su hermana, que le había cuidado desde siempre. El cardenal acusa el golpe: había cumplido dos quinquenios al frente de la Congregación, y presenta su renuncia al Papa, quien la rechaza de modo categórico. Muchos años más estará en ese encargo, que le ocasionó gran cantidad de sinsabores, a pesar de tener su conciencia en paz, pues procuró cumplir con todos sus deberes.

En este periodo prosiguió con sus publicaciones. Particular relevancia tienen los libros-entrevistas

---

[3] Congregación para la Doctrina de la Fe, Instrucción *Libertatis conscientiae*, 22 de marzo de 1986, Conclusión.

que se publicaron durante su permanencia en la Congregación: el ya citado *Informe sobre la fe* (1984), *La sal de la tierra* (1996) y *Dios y el mundo* (2000). En el año 2000 sale a la luz *El espíritu de la liturgia,* inspirado en el clásico libro de Romano Guardini, publicado en 1917 con el mismo título.

Dominus Iesus

Entre los documentos de la Congregación, además de los que se refieren a la teología de la liberación, hay que citar *Donum vitae* (1987), sobre la protección de la vida humana naciente y la dignidad de la procreación, y *Dominus Iesus,* del año 2000, sobre la unicidad y universalidad salvífica de Jesucristo y de la Iglesia. Dicho documento despertó airadas protestas. El mismo Papa Juan Pablo II tuvo que defenderlo públicamente.

Dominus Iesus salía al paso de las interpretaciones relativistas sobre Jesucristo como único Mediador. Con palabras textuales de la declaración,

> el perenne anuncio misionero de la Iglesia es puesto hoy en peligro por teorías de tipo relativista, que tratan de justificar el pluralismo religioso, no sólo *de facto* sino también *de iure* (o de principio). En consecuencia, se retienen superadas, por ejemplo, verdades tales como el carácter definitivo y completo de la revelación de Jesucristo, la naturaleza de la fe cristiana con respecto a la creencia en las otras religiones, el carácter inspirado de los libros de la sagrada escritura, la unidad personal entre el Verbo eterno y Jesús de Nazaret, la unidad entre la economía del Verbo encarnado y del Espíritu Santo, la unicidad y la

universalidad salvífica del misterio de Jesucristo, la mediación salvífica universal de la Iglesia, la inseparabilidad –aun en la distinción– entre el Reino de Dios, el Reino de Cristo y la Iglesia, la subsistencia en la Iglesia católica de la única Iglesia de Cristo.[4]

El documento presentaba las raíces filosóficas y teológicas de esas posiciones doctrinales:

La convicción de la inaferrabilidad y la inefabilidad de la verdad divina, ni siquiera por parte de la revelación cristiana; la actitud relativista con relación a la verdad, en virtud de lo cual aquello que es verdad para algunos no lo es para otros; la contraposición radical entre la mentalidad lógica atribuida a Occidente y la mentalidad simbólica atribuida a Oriente; el subjetivismo de quien, considerando la razón como única fuente de conocimiento, se hace "incapaz de levantar la mirada hacia lo alto para atreverse a alcanzar la verdad del ser"; la dificultad de comprender y acoger en la historia la presencia de eventos definitivos y escatológicos; el vaciamiento metafísico del evento de la encarnación histórica del Logos eterno, reducido a un mero *aparecer* de Dios en la historia; el eclecticismo de quien, en la búsqueda teológica, asume ideas derivadas de diferentes contextos filosóficos y religiosos, sin preocuparse de su coherencia y conexión sistemática, ni de su compatibilidad con la verdad cristiana; la tendencia, en

---

[4] Congregación para la Doctrina de la Fe, *Declaración* Dominus Iesus *sobre la unicidad y universalidad salvífica de Jesucristo y de su Iglesia*, 6 de agosto de 2000.

fin, a leer e interpretar la Sagrada Escritura fuera de la Tradición y del Magisterio de la Iglesia.[5]

La sana laicidad

La temática de la *Dominus Iesus* será retomada por Ratzinger cuando llegue al solio pontificio. Lo mismo sucederá con otro documento del año 2003, la *Nota doctrinal sobre algunas cuestiones relativas al compromiso y la conducta de los católicos en la vida política*, de importante contenido para entender un concepto clave en su futuro pontificado: la sana laicidad.

En la *Nota doctrinal* se resume claramente qué entiende la Iglesia por laicidad:

> La frecuente referencia a la "laicidad", que debería guiar el compromiso de los católicos, requiere una clarificación no solamente terminológica. La promoción en conciencia del bien común de la sociedad política no tiene nada qué ver con la "confesionalidad" o la intolerancia religiosa. Para la doctrina moral católica, la laicidad, entendida como autonomía de la esfera civil y política de la esfera religiosa y eclesiástica –nunca de la esfera moral–, es un valor adquirido y reconocido por la Iglesia, y pertenece al patrimonio de civilización alcanzado.[6]

---

5 *Idem.*

6 Congregación para la Doctrina de la Fe, *Nota doctrinal sobre algunas cuestiones relativas al compromiso y la conducta de los católicos en la vida política*, Ciudad del Vaticano, 2003. Sobre la laicidad, cfr. G. Limodio, *Legítima laicidad, un aporte desde el saber jurídico*, Rubinzal-Culzoni, Buenos Aires, 2009; A. Ollero, *Laicidad y laicismo*, Universidad Nacional Autónoma de México, México, 2010.

El documento citaba a Juan Pablo II, quien había puesto varias veces en guardia contra los peligros derivados de cualquier tipo de confusión entre la esfera religiosa y la esfera política, antítesis de la laicidad.

El Estado debe garantizar la libertad religiosa: promover que cada hombre pueda profesar su fe públicamente, que pueda ir a Misa los domingos si es católico practicante, o que el judío asista a la sinagoga o el musulmán a la mezquita, o el agnóstico a ningún templo. Pero no es función del Estado obligar o prohibir la asistencia a una ceremonia religiosa o a profesar una determinada fe, salvo, obviamente, que estén en juego la paz y el orden de la sociedad. Prohibir la difusión de sectas racistas, por ejemplo, no es una invasión de campo por parte del Estado, sino el cumplimiento de su deber de tender al bien común. Definida la laicidad como "autonomía de la esfera civil y política de la esfera religiosa y eclesiástica –nunca de la esfera moral–", el citado documento salía al paso de la crítica común que recibe la Iglesia cuando hace pronunciamientos públicos en materia de moral. Para muchos, estas intervenciones atentarían contra la laicidad del Estado. Según la *Nota doctrinal*,

> con su intervención en este ámbito, el Magisterio de la Iglesia no quiere ejercer un poder político ni eliminar la libertad de opinión de los católicos sobre cuestiones contingentes. Busca, en cambio –en cumplimiento de su deber– instruir e iluminar la conciencia de los fieles, sobre todo de los que están comprometidos en la vida política, para que su acción esté siempre al servicio de la promoción integral de la persona y del bien común. La enseñanza social de la Iglesia no es una intromisión en el

gobierno de los diferentes países. Plantea ciertamente, en la conciencia única y unitaria de los fieles laicos, un deber moral de coherencia. [...] Vivir y actuar políticamente en conformidad con la propia conciencia no es un acomodarse en posiciones extrañas al compromiso político o en una forma de confesionalidad, sino expresión de la aportación de los cristianos para que, a través de la política, se instaure un ordenamiento social más justo y coherente con la dignidad de la persona humana.[7]

Las intervenciones públicas de la Iglesia en el ámbito social y político son de orden moral, son un servicio a la verdad, no una operación confesional. Ciertamente, la fe echa más luz sobre la verdad acerca del hombre. Pero se trata de salvaguardar valores y verdades morales naturales, que pueden ser compartidas por toda la humanidad. De ahí que tampoco es óbice para la laicidad el hecho de que algunas verdades morales que se pueden conocer por la razón sean al mismo tiempo enseñadas por el Magisterio de la Iglesia como verdades pertenecientes al cristianismo.

La necesaria coherencia que debe haber en el actuar público de los católicos, que defienden una serie de valores que forman parte del Magisterio pero que a su vez son accesibles de ser conocidos con la luz natural de la razón, tampoco es un obstáculo para la laicidad.

Aquellos que, en nombre del respeto de la conciencia individual, pretendieran ver en el deber moral de los cristianos de ser coherentes con la propia conciencia un motivo para descalificarlos políticamente,

---

[7]   Congregación para la Doctrina de la Fe, *Nota doctrinal...*

negándoles la legitimidad de actuar en política de acuerdo con las propias convicciones acerca del bien común, incurrirían en una forma de laicismo intolerante. En esta perspectiva, en efecto, se quiere negar no sólo la relevancia política y cultural de la fe cristiana, sino hasta la misma posibilidad de una ética natural. Si así fuera, se abriría el camino a una anarquía moral, que no podría identificarse nunca con forma alguna de legítimo pluralismo. El abuso del más fuerte sobre el débil sería la consecuencia obvia de esta actitud. La marginalización del cristianismo, por otra parte, no favorecería ciertamente el futuro de proyecto alguno de sociedad ni la concordia entre los pueblos, sino que pondría más bien en peligro los mismos fundamentos espirituales y culturales de la civilización.[8]

Las ideas de la *Nota doctrinal*, que hemos presentado sucintamente, serán profundizadas y enriquecidas por el Papa Benedicto XVI, como tendremos oportunidad de exponer más adelante.

* * *

La teología de Ratzinger

Antes de adentrarnos en el análisis del pontificado de Benedicto XVI, considero conveniente presentar de una manera esquemática algunos principios de la teología de Ratzinger. Se trata de un pensamiento elaborado a

---

[8]   *Ibid.*

lo largo de los años, tanto desde la cátedra universitaria como durante su periodo como prefecto de la Congregación para la Doctrina de la Fe. Ratzinger no impuso su teología personal en las decisiones de la Congregación, pero no cabe duda de que su contacto con todas las problemáticas doctrinales de la Iglesia universal contribuyó a la maduración de su teología.

La teología de Ratzinger no es sistemática en el sentido estricto de la palabra. No ha escrito un volumen que abarque todas las disciplinas teológicas. Sin embargo, su inmensa obra –más de 80 libros y centenares de artículos académicos– trata sobre muchos argumentos, y es fácil descubrir una coherencia de fondo. Alguien afirmó que la teología de Ratzinger es "sinfónica".[9] Llama la atención que, en medio de los debates académicos de las facultades de teología alemanas de sus años de formación y docencia, haya podido estructurar sus ideas con innovación y creatividad, siempre dentro de la gran tradición de la Iglesia. Otros colegas de esa época no lo lograron, y se alejaron de esa tradición.

¿Cuáles son los elementos teológicos que constituyen el núcleo de su teología? Siguiendo a Pablo Blanco, podemos afirmar que nos encontramos frente a una teología cristocéntrica. Jesucristo es el Hijo de Dios hecho hombre. Ratzinger no se cansará de reafirmar la divinidad de la persona de Cristo. Teniendo en cuenta las polémicas desarrolladas en Alemania sobre la distinción entre el Cristo de la fe y el Jesús de la historia, nuestro autor subraya la plena identificación de los dos: la fe primitiva confesó siempre a Jesucristo verdadero Dios y verdadero hombre. El Jesús que nació en Belén,

---

[9]   S. W. Hahn, *Covenant and Communion. The Biblical Theology of Pope Benedict XVI*, Brazos Press, Grand Rapids, 2009, p. 16.

que deambuló por Tierra Santa, murió y resucitó es verdaderamente Dios, la Segunda Persona de la Santísima Trinidad que se encarnó en el seno de María.

La liturgia ocupa un lugar de privilegio en su pensamiento. Es otra manifestación de su cristocentrismo: Cristo y la celebración del misterio pascual están en el centro de la vida de la Iglesia. La liturgia debe expresar de modo claro el misterio que contiene. El sacerdote es Cristo: en las celebraciones litúrgicas quien está actuando es Cristo mismo. Ratzinger anhela un nuevo movimiento litúrgico, análogo al que tuvo lugar a inicios del siglo XX, donde se vuelva a dar espacio al misterio, evitando protagonismos de los ministros y eliminando experimentos que diluyen el carácter sagrado de la liturgia.

Ratzinger considera que el centro de los estudios teológicos es la sagrada escritura, que está también centrada en Cristo.

> Formado en el método histórico-crítico, el teólogo alemán insiste en la necesidad de un contexto hermenéutico enraizado en la fe de la Iglesia, que ayude a comprender el texto bíblico en su totalidad. Destaca también la unidad entre Biblia e Iglesia, palabra de Dios y pueblo de Dios. Constituyen así dos pilares concéntricos: la Iglesia es el hogar, el hábitat, el entorno hermenéutico donde vive y es comprendida la Palabra en toda su plenitud con la asistencia del Espíritu. Ratzinger reivindica también el nexo existente entre exégesis y teología, Palabra y dogma, antiguo y nuevo testamento y, en fin, Revelación, Escritura y tradición. Esta visión integradora es lo que él llama la "hermenéutica de la fe", que parte de la "hermenéutica histórica" pero no se queda en ella, sino que

va más allá, para hacerse con la verdad revelada en su totalidad.[10]

Ratzinger prestará particular importancia a la lectura de la Biblia que han realizado a lo largo de los siglos los Padres de la Iglesia y los santos. Una exégesis que ignora la tradición y que se opone al magisterio de la Iglesia no tiene lugar en su teología.

La Iglesia es pueblo de Dios y cuerpo de Cristo. "La Iglesia es el pueblo de Dios que vive del cuerpo y de la palabra de Cristo; por eso es también ella cuerpo (místico) de Cristo".[11] En la Iglesia, la primera creyente es María, Madre de Dios y madre de todos los creyentes. Ella es medianera en el Mediador.

La antropología filosófica y teológica de Ratzinger gira en torno al concepto de persona.

El "principio persona" lo recibe Ratzinger como herencia desde su primera formación filosófica y teológica, a partir del intimismo de san Agustín, el existencialismo de Jaspers y Heidegger y la filosofía del diálogo de Martin Buber. Desde un primer momento, se mostró un ferviente partidario del personalismo y existencialismo de principios del siglo XX. El concepto de persona irá así más allá de una mera convención lingüística o intelectual, para convertirse en un principio estructurante de su propio pensamiento. Será por eso algo más que una imposición del pensamiento moderno, pues lo toma prestado de una genealogía anterior: la teológica. La instancia personal constituye, a juicio de Ratzinger, una

---

[10]   P. Blanco, "El pensamiento teológico de Joseph Ratzinger", *Scripta Theologica*, vol. 44, Pamplona, 2012, p. 279.

[11]   *Ibid.*, p. 281.

propuesta de origen cristiano y, más en concreto, a partir de la doctrina sobre la Trinidad y las dos naturalezas de Cristo. A partir de esta nueva realidad revelada ("Dios es persona", escribirá Ratzinger, Trinidad de personas), tendrá lugar un desarrollo teológico y antropológico en clave personalista.[12]

Así como Dios es uno y trino, también la persona humana, creada a imagen y semejanza de Dios, es una y múltiple. La persona siempre está abierta a la relación, a la comunicación. Para contemplar en plenitud a la persona humana debemos fijar nuestra mirada en Cristo, imagen perfecta del Padre. Desde esta perspectiva, se alcanza dicha plenitud en la relación del "yo" humano con el "Tú" de Jesucristo. La vida cristiana es la identificación con Cristo. De tal manera, Ratzinger afirma, con ecos paulinos, que cada fiel puede decir: "Soy yo, pero no sólo yo".

Ratzinger tematizó algunas dimensiones de la existencia humana en clave teológica: el amor, la verdad, la belleza. Insistirá en que Dios es amor y logos, es decir, razón. La persona humana, en cuanto imagen de Dios, se realiza en el amor −un amor oblativo, que se da− y en la verdad. Para alcanzar verdades que iluminen el recto obrar humano, la razón debe dialogar con la fe. Como veremos, uno de los núcleos del pontificado de Benedicto XVI es precisamente su concepto de "razón ampliada": hay que superar la mera razón científica para abrirse al misterio. Fe y razón se iluminan mutuamente: la fe amplía el alcance de la razón, y la razón purifica la fe para evitar todo tipo de reduccionismo fideista y fundamentalista.

---

[12] *Ibid.*, p. 284.

Una vía de acceso a Dios es la belleza.

> Ratzinger se ha mostrado siempre como un enamorado de la belleza. El arte y la belleza son otros puntos de partida de su pensamiento, también por motivos biográficos. Sus "tres grandes maestros" –Agustín, Tomás, Buenaventura– tenían en gran consideración la dimensión estética. Un teólogo sin sensibilidad por el arte y la belleza –añadía Ratzinger– puede resultar peligroso. Para él, el *pulchrum* nunca será un "trascendental olvidado". Desde su más tierna infancia, se acercó a la música y al arte, también como fuente de conocimiento. De hecho, él mismo recordaba cómo –frente a la violencia del régimen nacionalsocialista- había dos refugios que le llevaban a Dios y defendían la fe: la razón y la belleza presente en las celebraciones litúrgicas. Razón y belleza se complementan, pues, mutuamente, afirma Ratzinger, en contra de un prolongado romanticismo estético que quiere reducir lo artístico al campo de los sentidos y los sentimientos. El arte que nos propone pues el teólogo bávaro es un "arte mayor", con cabeza y corazón, ideas y sentimientos. La unitotalidad de la persona se manifestará también de este modo en ámbito estético.[13]

Teniendo en cuenta las características de este libro, pensamos que el resumen presentado es suficiente. En las páginas siguientes veremos cómo estos elementos de su teología estarán presentes de modo eficaz en su magisterio pontificio.

* * *

---

[13]   *Ibid.*, pp. 288-289.

Ratzinger acompañó a Juan Pablo II hasta el final de su pontificado. Los dos sirvieron a la Iglesia desde sus respectivas posiciones: con caracteres muy distintos, se complementaron de una forma asombrosa. El Papa polaco apostaba por la comunicación global, los eventos de masa y los gestos simbólicos. Ratzinger tenía una visión de la Iglesia como pequeña comunidad de fieles comprometidos con su fe. No eran visiones opuestas, sino complementarias. No en vano, Juan Pablo II escribió que el cardenal alemán era "un amigo de confianza".[14]

Juan Pablo II había nombrado a Ratzinger decano del colegio cardenalicio. El 2 de abril de 2005, después de una larga agonía, el Papa Wojtyla entregaba su alma a Dios. Ratzinger –profundamente emocionado por la muerte de su amigo– presidió la celebración del impresionante funeral que tuvo lugar en la plaza de san Pedro, con la presencia de innumerables jefes de Estado y cientos de miles de fieles que querían darle el último adiós a "su" Papa.

El día lunes 18 de abril de 2005 el cardenal Joseph Ratzinger presidió la Santa Misa *pro eligendo Romano Pontifice*, con la cual daba inicio al cónclave que tuvo como objetivo elegir al sucesor del fallecido Papa. En su homilía, el decano del colegio cardenalicio puso de relieve cuáles eran las circunstancias culturales que debería enfrentar el futuro sucesor de san Pedro. En un párrafo central, afirmaba:

> ¡Cuántos vientos de doctrina hemos conocido durante estos últimos decenios!, ¡cuántas corrientes ideológicas!, ¡cuántas modas de pensamiento!

---

[14] Juan Pablo II, *¡Levantaos! ¡Vamos!*, Plaza & Janés, Barcelona, 2004.

La pequeña barca del pensamiento de muchos cristianos ha sido zarandeada a menudo por estas olas, llevada de un extremo al otro: del marxismo al liberalismo, hasta el libertinaje; del colectivismo al individualismo radical; del ateísmo a un vago misticismo religioso; del agnosticismo al sincretismo, etc. Cada día nacen nuevas sectas y se realiza lo que dice san Pablo sobre el engaño de los hombres, sobre la astucia que tiende a inducir a error [cf. Ef 4, 14]. A quien tiene una fe clara, según el Credo de la Iglesia, a menudo se le aplica la etiqueta de fundamentalismo. Mientras que el relativismo, es decir, dejarse "llevar a la deriva por cualquier viento de doctrina", parece ser la única actitud adecuada en los tiempos actuales. Se va constituyendo una dictadura del relativismo que no reconoce nada como definitivo y que deja como última medida sólo el propio yo y sus antojos.[15]

El cardenal Ratzinger no se dejaba llevar por la desesperanza: Cristo es la Verdad, y quien participa de su amistad encuentra el sentido de la vida. Pero el signo que dejará esta homilía es claro: estamos ante una ideología dominante, una auténtica dictadura que niega el acceso a la verdad. Seguramente el cardenal alemán no sabía que sus palabras eran, por así decirlo, autoproféticas: él sería el encargado de llevar a cabo la presentación convincente de la verdad, como estrategia clave para derrocar la dictadura del relativismo.[16]

---

[15] Homilía en la Misa *pro eligendo Romanto Pontifice*, 18 de abril de 2005.
[16] Sobre la vida de Ratzinger antes de su elección como Papa, cfr. P. Blanco, *Benedicto XVI. La biografía*, Ediciones Paulinas, Madrid, 2019; P. Seewald, *Benedicto XVI. Una vida*, Mensajero, Loyola, 2020.

III
El pontificado
(2005-2013)

La elección

Al día siguiente, en uno de los cónclaves más breves de la historia reciente de la Iglesia, en la tercera votación, Joseph Ratzinger, con 78 años recién cumplidos, era elegido como el 265 sucesor de san Pedro. Era, sin duda, uno de los "papables", y no hubo una gran sorpresa cuando se asomó a la Plaza de San Pedro para dar su primera bendición. Sus palabras fueron breves y sencillas, y se ganaron el afecto de la multitud que allí estaba congregada:

> Queridos hermanos y hermanas: después del gran Papa Juan Pablo II, los señores cardenales me han elegido a mí, un simple y humilde trabajador de la viña del Señor.

Me consuela el hecho de que el Señor sabe trabajar y actuar incluso con instrumentos insuficientes, y sobre todo me encomiendo a vuestras oraciones.

En la alegría del Señor resucitado, confiando en su ayuda continua, sigamos adelante. El Señor nos ayudará y María, su santísima Madre, estará a nuestro lado. ¡Gracias!

Tomó el nombre de Benedicto XVI. Él mismo explicó la razón:

He querido llamarme Benedicto XVI para vincularme idealmente al venerado Pontífice Benedicto XV, que guio a la Iglesia en un periodo agitado a causa de la primera Guerra Mundial. Fue intrépido y auténtico profeta de paz, y trabajó con gran valentía primero para evitar el drama de la guerra y, después, para limitar sus consecuencias nefastas. Como él, deseo poner mi ministerio al servicio de la reconciliación y la armonía entre los hombres y los pueblos, profundamente convencido de que el gran bien de la paz es ante todo don de Dios, don –por desgracia– frágil y precioso que es preciso invocar, conservar y construir día a día con la aportación de todos.

El nombre Benedicto evoca, además, la extraordinaria figura del gran "patriarca del monacato occidental", san Benito de Nursia [...] [quien] constituye un punto de referencia fundamental para la unidad de Europa y un fuerte recuerdo de las irrenunciables raíces cristianas de su cultura y de su civilización.

De este padre del monacato occidental conocemos la recomendación que hizo a los monjes en su Regla: "No antepongáis absolutamente nada a

Cristo" [Regla 72, 11; cf. 4, 21]. Al inicio de mi servicio como Sucesor de Pedro pido a san Benito que nos ayude a mantener firmemente a Cristo en el centro de nuestra existencia. Que él ocupe siempre el primer lugar en nuestros pensamientos y en todas nuestras actividades.[1]

La misma elección del nombre anunciaba un pontificado que prestaría una atención prioritaria a Europa, que sufría como ningún otro continente una secularización galopante. Si el nombre elegido sorprendió, también llamó la atención que quitara de su escudo pontificio –el mismo que empleó como arzobispo de Múnich-Frisinga– la tiara, en cuanto símbolo del poder temporal de los papas.

Los medios de comunicación reaccionaron de manera muy distinta, según las áreas geográficas y las tradiciones culturales, ante la elección del Papa. En Italia se dio la bienvenida al nuevo romano pontífice, y se reconocían sus grandes méritos intelectuales, que se pondrían al servicio de la misión de la Iglesia. En otros países de Europa occidental –fundamentalmente en Alemania, pero no sólo– se consideraba que la elección de Benedicto XVI implicaba un paso atrás en la historia de la Iglesia: un volver al fundamentalismo "medieval" y al autoritarismo de Roma para imponer doctrinas unilaterales.

El discurso inaugural y los primeros gestos del Papa fueron poco a poco cambiando la opinión de los más críticos. Benedicto se presentaba con humildad, sencillez y autenticidad. Era evidente que no quería imitar los estilos mediáticos de su predecesor. No era fácil

---

[1]   Audiencia del 27 de abril de 2005.

suceder a Juan Pablo II. Hubiera sido ridículo que, con una personalidad tan distinta al Papa polaco, hubiera intentado mantener su mismo estilo. Su natural timidez fue superada con una cercanía tierna con las personas que encontraba. A su vez, su fragilidad física y su tono de voz débil despertaban sentimientos de protección por parte de los que le saludaban o escuchaban.

Benedicto XVI vivió en el apartamento pontificio del Palacio Apostólico, junto a su secretario, monseñor Georg Gänswein, y a cuatro mujeres *Memores Domini* del movimiento Comunión y Liberación. Metódico, vivía un horario exigente y llevaba una vida sobria y austera. A diferencia de su predecesor, celebraba la Misa sin pueblo, y hacía sus comidas solo o con la pequeña familia pontificia.

En estas páginas queremos detenernos en el contenido de su magisterio, sobre todo en relación con la cultura contemporánea. Pero antes haremos un breve resumen de las actividades más importantes durante su pontificado.

El kerigma salvífico

Benedicto XVI estuvo en la cátedra de san Pedro poco menos de ocho años. Realizó 22 viajes internacionales y 29 viajes en Italia. Los desplazamientos pontificios muestran una preferencia por el mundo occidental y la ausencia de viajes al Extremo Oriente. Fueron muchas las personas que pudieron encontrar personalmente al Papa alemán, también en Roma: por las audiencias de los miércoles pasaron más de cuatro millones de personas.

Desde el primer momento, Benedicto XVI centró su mensaje en lo esencial del kerigma salvífico: la confesión de fe en la divinidad de Jesucristo, Hijo de Dios, que toma carne para salvarnos a través de su cruz y su resurrección. Como veremos más adelante, para el Papa es urgente presentar en su integridad la fe en Dios en un mundo que se ahoga en el indiferentismo, el relativismo y la falta de sentido. Por eso anuncia a Cristo como Aquel que llena de contenido la existencia humana. Como escribirá en el comienzo de su primera encíclica, *Deus caritas est: "Hemos creído en el amor de Dios:* así puede expresar el cristiano la opción fundamental de su vida. No se comienza a ser cristiano por una decisión ética o una gran idea, sino por el encuentro con un acontecimiento, con una Persona, que da un nuevo horizonte a la vida y, con ello, una orientación decisiva".[2] Esa Persona es Cristo, que manifiesta todo el amor de Dios por la humanidad. El Papa Ratzinger apuesta por la presentación positiva, entusiasmante, de la vida del creyente enraizado en Cristo, y quiere alejarse explícitamente de una visión del cristianismo como un código de moral que contiene una serie de principios abstractos.

Dentro de su estrategia de evangelización cristocéntrica se encuentran sus tres encíclicas: *Deus caritas est* (2005), *Spe salvi* (2007) y *Caritas in veritate* (2009). También responden a la misma estrategia los tres años especiales, convocados por el Papa, dedicados a san Pablo (2008-2009), a los sacerdotes (2009-2010) y a la fe (2012-2013). Momentos fuertes para presentar la belleza de la fe en Cristo fueron las tres jornadas mundiales de la Juventud que presidió (Colonia, 2005; Sidney, 2008 y

---

[2]   *Deus caritas est,* n. 1.

Madrid, 2011). Su trilogía sobre *Jesús de Nazaret* (2007-2012) –firmada como Joseph Ratzinger-Benedicto XVI, para subrayar que no se trataba de un texto oficial del magisterio y que estaba abierto al debate teológico–, fue otro instrumento que puso al servicio de la difusión de la fe en Jesucristo, verdadero Dios y verdadero hombre, el único que tiene el poder de iluminar el sentido de la existencia humana. También durante las audiencias generales dedicó distintos ciclos a tratar sobre la oración cristiana, comentó los salmos y abordó la vida de los apóstoles, los padres y doctores de la Iglesia, siempre centrado en Cristo como modelo a seguir.

Deus caritas est

En la *Deus caritas est* Benedicto aborda un tema esencial: el amor de Dios y el amor al prójimo. La encíclica tiene dos partes bien diferenciadas. En la primera presenta las distintas formas de amor, para describir cómo Dios se da completamente a la humanidad en la Persona de Jesucristo. Las palabras iniciales centran el núcleo del documento: "'Dios es amor, y quien permanece en el amor permanece en Dios y Dios en él' (1 Jn 4, 16). Estas palabras de la *Primera carta de Juan* expresan con claridad meridiana el corazón de la fe cristiana: la imagen cristiana de Dios y también la consiguiente imagen del hombre y de su camino. Además, en este mismo versículo, Juan nos ofrece, por así decir, una formulación sintética de la existencia cristiana: 'Nosotros hemos conocido el amor que Dios nos tiene y hemos creído en él'".[3]

---

[3]   *Idem.*

Después de un análisis detenido entre las distintas acepciones de la palabra amor –con exégesis eruditas de términos griegos y hebreos–, el Papa explica cómo el verdadero amor une, de tal manera que el amor de Dios por los hombres y el de los hombres por Dios alcanzan una unión tal que la voluntad humana desea lo que Dios desea. El cumplimiento de los mandamientos no es una ley que se nos impone desde fuera, sino que la hacemos nuestra por medio del amor.

> *Idem velle, idem nolle,* querer lo mismo y rechazar lo mismo, es lo que los antiguos han reconocido como el auténtico contenido del amor: hacerse uno semejante al otro, que lleva a un pensar y desear común. La historia de amor entre Dios y el hombre consiste precisamente en que esta comunión de voluntad crece en la comunión del pensamiento y del sentimiento, de modo que nuestro querer y la voluntad de Dios coinciden cada vez más: la voluntad de Dios ya no es para mí algo extraño que los mandamientos me imponen desde fuera, sino que es mi propia voluntad, habiendo experimentado que Dios está más dentro de mí que lo más íntimo mío. Crece entonces el abandono en Dios y Dios es nuestra alegría.[4]

En la segunda parte se declinan las consecuencias prácticas del amor de Dios, que ha de manifestarse en el amor al prójimo. Benedicto describe extensamente los distintos aspectos de la caridad cristiana, deteniéndose en particular en la acción caritativa de la Iglesia.

---

[4]   *Ibid.,* n. 17.

Spe salvi

Si en su primera encíclica se abordaba el tema central del amor, en la segunda Benedicto se detiene en el análisis de la virtud teologal de la esperanza. El documento se abre con una afirmación y una pregunta:

> *Spe salvi facti sumus* –en esperanza fuimos salvados, dice san Pablo a los romanos y también a nosotros (Rm 8, 24)–. Según la fe cristiana, la "redención", la salvación, no es simplemente un dato de hecho. Se nos ofrece la salvación en el sentido de que se nos ha dado la esperanza, una esperanza fiable, gracias a la cual podemos afrontar nuestro presente: el presente, aunque sea un presente fatigoso, se puede vivir y aceptar si lleva hacia una meta, si podemos estar seguros de esta meta y si esta meta es tan grande que justifique el esfuerzo del camino. Ahora bien, se nos plantea inmediatamente la siguiente pregunta: pero, ¿de qué género ha de ser esta esperanza para poder justificar la afirmación de que, a partir de ella, y simplemente porque hay esperanza, somos redimidos por ella? Y, ¿de qué tipo de certeza se trata?[5]

Benedicto lleva adelante un análisis de la esperanza tal como se presenta en el Nuevo Testamento y en la vivencia de los primeros cristianos, para concluir que lo que el creyente espera es la vida eterna. Con agudeza, el Papa comenta que

> la expresión "vida eterna" trata de dar un nombre a esta desconocida realidad conocida. Es por necesidad

---

[5]   *Spe salvi*, n. 1.

una expresión insuficiente que crea confusión. En efecto, "eterno" suscita en nosotros la idea de lo interminable, y eso nos da miedo; "vida" nos hace pensar en la vida que conocemos, que amamos y que no queremos perder, pero que a la vez es con frecuencia más fatiga que satisfacción, de modo que, mientras por un lado la deseamos, por otro no la queremos. Podemos solamente tratar de salir con nuestro pensamiento de la temporalidad a la que estamos sujetos y augurar de algún modo que la eternidad no sea un continuo sucederse de días del calendario, sino como el momento pleno de satisfacción, en el cual la totalidad nos abraza y nosotros abrazamos la totalidad. Sería el momento del sumergirse en el océano del amor infinito, en el cual el tiempo –el antes y el después– ya no existe. Podemos únicamente tratar de pensar que este momento es la vida en sentido pleno, sumergirse siempre de nuevo en la inmensidad del ser, a la vez que estamos desbordados simplemente por la alegría. En el Evangelio de Juan, Jesús lo expresa así: "Volveré a veros y se alegrará vuestro corazón y nadie os quitará vuestra alegría" (16, 22). Tenemos que pensar en esta línea si queremos entender el objetivo de la esperanza cristiana, qué es lo que esperamos de la fe, de nuestro ser con Cristo.[6]

En la encíclica, Benedicto denunciaba las falsas esperanzas de las que se nutrió gran parte de la cultura occidental de los últimos siglos: las propias de las ideologías, que pensaban que la ciencia podría redimir a la humanidad, o que el simple cambio de estructuras políticas y económicas traería la felicidad al mundo.

---

[6]   *Ibid.*, n. 12.

Se intentó sustituir la esperanza bíblica del Reino de Dios por la esperanza del reino del hombre. Todo fue en vano, porque sólo

> Dios es el fundamento de la esperanza; pero no cualquier dios, sino el Dios que tiene un rostro humano y que nos ha amado hasta el extremo, a cada uno en particular y a la humanidad en su conjunto. Su reino no es un más allá originario, situado en un futuro que nunca llega; su reino está presente allí donde Él es amado y donde su amor nos alcanza. Sólo su amor nos da la posibilidad de perseverar día a día con toda sobriedad, sin perder el impulso de la esperanza, en un mundo que por su naturaleza es imperfecto.[7]

Caritas in veritate

Por último, en su tercera encíclica, *Caritas in veritate*, el Papa bávaro expone algunos principios de la doctrina social de la Iglesia sobre el desarrollo humano integral, aplicados al mundo contemporáneo. Lo hace con ocasión del cuadragésimo aniversario de la encíclica *Populorum progressio*, de Pablo VI. En sus primeros párrafos encontramos una especie de definición de la doctrina social de la Iglesia:

> Es *"caritas in veritate in re sociali"*, anuncio de la verdad del amor de Cristo en la sociedad. Dicha doctrina es servicio de la caridad, pero en la verdad. La verdad preserva y expresa la fuerza liberadora de

---

[7]   *Ibid.*, n. 31.

la caridad en los acontecimientos siempre nuevos de la historia. Es al mismo tiempo verdad de la fe y de la razón, en la distinción y la sinergia a la vez de los dos ámbitos cognitivos. El desarrollo, el bienestar social, una solución adecuada de los graves problemas socioeconómicos que afligen a la humanidad, necesitan esta verdad. Y necesitan aún más que se estime y dé testimonio de esta verdad. Sin verdad, sin confianza y amor por lo verdadero, no hay conciencia y responsabilidad social, y la actuación social se deja a merced de intereses privados y de lógicas de poder, con efectos disgregadores sobre la sociedad, tanto más en una sociedad en vías de globalización, en momentos difíciles como los actuales.[8]

Benedicto XVI realiza un análisis de la situación mundial, profundamente cambiada desde la publicación de la *Populorum progressio.* Subraya el papel de la globalización, la creación de un mercado mundial, en el que frecuentemente los grandes capitales internacionales no respetan la dignidad de la persona humana, buscando mano de obra barata, la disminución del poder político de los Estados –sometidos a las reglas de las finanzas internacionales–, y una visión del desarrollo visto casi exclusivamente desde el punto de vista tecnológico y material. El Papa sostiene que en muchos países económicamente desarrollados es tal la pobreza de la visión antropológica predominante, que viven en un auténtico subdesarrollo moral.

En continuidad con sus predecesores, Benedicto denuncia la mentalidad economicista que considera que la economía es totalmente autónoma y que la búsqueda

---

[8]   *Caritas in veritate,* n. 5.

del beneficio es su principal fin. Hay que superar esta postura reduccionista con la lógica del don y el principio de la gratuidad:

> La doctrina social de la Iglesia sostiene que se pueden vivir relaciones auténticamente humanas, de amistad y de sociabilidad, de solidaridad y de reciprocidad, también dentro de la actividad económica y no solamente fuera o "después" de ella. El sector económico no es ni éticamente neutro ni inhumano o antisocial por naturaleza. Es una actividad del hombre y, precisamente porque es humana, debe ser articulada e institucionalizada éticamente.
>
> El gran desafío que tenemos, planteado por las dificultades del desarrollo en este tiempo de globalización y agravado por la crisis económico-financiera actual, es mostrar, tanto en el orden de las ideas como de los comportamientos, que no sólo no se pueden olvidar o debilitar los principios tradicionales de la ética social, como la transparencia, la honestidad y la responsabilidad, sino que en las *relaciones mercantiles* el *principio de gratuidad* y la lógica del don, como expresiones de fraternidad, pueden y deben *tener espacio en la actividad económica ordinaria*. Esto es una exigencia del hombre en el momento actual, pero también de la razón económica misma. Una exigencia de la caridad y de la verdad al mismo tiempo.[9]

La encíclica reflexiona sobre los principios de solidaridad y subsidiariedad, aplicados a las circunstancias actuales. La ética de las finanzas internacionales,

---

[9]   *Ibid.*, n. 36.

la solidaridad intergeneracional para resolver los desafíos ecológicos, la defensa de los derechos de la persona humana desde una visión antropológica integral son algunos de los puntos principales de este texto. Más adelante lo citaremos con frecuencia.

La recepción de *Caritas in veritate* fue muy positiva, aunque recibió críticas por parte de algunos sectores liberales, que consideraban que la visión del capitalismo contemporáneo contenida en la encíclica era demasiado severa, o por sectores de pensamiento relativista, que no digerían las críticas de Benedicto XVI a la mentalidad contraria a la vida o su defensa de la familia natural.

Ecumenismo y unidad de la Iglesia

Benedicto XVI dedicó muchas energías al empeño ecuménico y al diálogo interreligioso, en plena continuidad con el pontificado anterior. Mantuvo una fluida relación con el hebraísmo; se profundizó en el diálogo con el islam después de la crisis ocasionada por el discurso de Ratisbona, que analizaremos a continuación; se establecieron valores comunes, humanos y cristianos, con los ortodoxos, para defenderlos en la plaza pública. Durante su pontificado diversos obispos anglicanos y algunos miles de fieles se unieron a la Iglesia católica, con una forma jurídica que garantizaba sus tradiciones espirituales y litúrgicas.

A su vez, Benedicto XVI puso todos los medios para llegar a un acuerdo con los tradicionalistas de la Fraternidad de San Pío X, que no se concretó por la cerrazón mental de este grupo cismático. El Papa recibió a monseñor Fellay, cabeza de la Fraternidad, en el verano de 2005. En julio de 2007, con el Motu Proprio *Summorum Pontificum* liberalizó el uso de la liturgia romana anterior a la reforma de 1970, como "forma extraordinaria" de la liturgia latina. Joseph Ratzinger siempre se había manifestado contrario a la decisión de Pablo VI de prohibir la liturgia anterior a la reforma llevada a cabo en el Concilio, pues consideraba que era la primera vez en la historia de la Iglesia que sucedía algo así. La liturgia está ligada íntimamente a las tradiciones históricas y culturales, y no se podían borrar de un plumazo siglos de piedad. Pero además de sus convicciones personales, el Papa dio este paso –a pesar de la oposición de muchos obispos sobre todo en Europa– como gesto de acercamiento a los seguidores de monseñor Lefebvre. El Papa dio un paso más: el 21 de enero de 2009 levantó la excomunión a los cuatro obispos que habían sido ordenados ilícitamente por Lefebvre en 1988. La decisión causó un revuelo mayúsculo, pues entre los cuatro obispos se encontraba Richard Williamson, quien se había manifestado negacionista respecto al holocausto judío. El Papa desconocía este aspecto del obispo, quien incluso fue separado después de la Fraternidad de San Pío X. A pesar de los gestos de buena voluntad del romano pontífice, los tradicionalistas no mostraron la apertura esperada. Como señala Regoli,

> el Papa Benedicto XVI ha puesto todas las premisas y ha dado los primeros pasos del diálogo para alcanzar la unidad plena, pero sus interlocutores no estuvieron a la altura, mostrándose, entre otras cosas, siempre oscilantes entre los elogios y los ataques a su persona. Para alcanzar esta unidad, el Papa estuvo dispuesto a someter a la Iglesia católica a algunas tensiones y fibrilaciones, convencido de su deber de

crear la comunión, es decir, tuvo la valentía o la locura de ir más allá que muchos otros. Pero no recogió los frutos de su siembra.[10]

Crisis comunicativas

Para muchos, con una visión reduccionista, el pontificado de Benedicto XVI será recordado por las crisis de comunicación que tuvieron lugar en esos años. En septiembre de 2006 estalla una polémica a causa del discurso pronunciado por el Papa en la Universidad de Ratisbona. El tema era el diálogo entre razón y fe. Para ilustrar que Dios es Razón y que nunca se debe emplear la violencia para convencer en materias de fe, Benedicto cita un diálogo sostenido en el siglo xiv entre el emperador bizantino Manuel II Paleólogo y un sabio persa. El texto es el siguiente:

> En el séptimo coloquio [controversia], editado por el profesor Khoury, el emperador toca el tema de la yihad, la guerra santa. Seguramente el emperador sabía que en la sura 2 256 está escrito: "Ninguna constricción en las cosas de fe". Según dice una parte de los expertos, es probablemente una de las suras del periodo inicial, en el que Mahoma mismo aún no tenía poder y estaba amenazado. Pero, naturalmente, el emperador conocía también las disposiciones, desarrolladas sucesivamente y fijadas en el Corán, acerca de la guerra santa. Sin detenerse en detalles, como la diferencia de trato entre los que

---

[10] R. Regoli, *Oltre la crisi della Chiesa, Il pontificato di Benedetto XVI*, Lindau, Torino, 2016, p. 338.

poseen el "Libro" y los "incrédulos", con una brusquedad que nos sorprende, brusquedad que para nosotros resulta inaceptable, se dirige a su interlocutor llanamente con la pregunta central sobre la relación entre religión y violencia en general, diciendo: "Muéstrame también lo que Mahoma ha traído de nuevo, y encontrarás solamente cosas malas e inhumanas, como su disposición de difundir por medio de la espada la fe que predicaba". El emperador, después de pronunciarse de un modo tan duro, explica luego minuciosamente las razones por las cuales la difusión de la fe mediante la violencia es algo insensato. La violencia está en contraste con la naturaleza de Dios y la naturaleza del alma. "Dios no se complace con la sangre –dice–; no actuar según la razón es contrario a la naturaleza de Dios. La fe es fruto del alma, no del cuerpo. Por tanto, quien quiere llevar a otra persona a la fe necesita la capacidad de hablar bien y de razonar correctamente, y no recurrir a la violencia ni a las amenazas... Para convencer a un alma racional no hay que recurrir al propio brazo ni a instrumentos contundentes ni a ningún otro medio con el que se pueda amenazar de muerte a una persona".[11]

En el conjunto del discurso, la cita tiene su razón de ser y se entiende bien. Periodistas occidentales la sacaron de contexto y pusieron en labios de Benedicto XVI el ataque del emperador bizantino a Mahoma. Las protestas se multiplicaron en el mundo musulmán, con manifestaciones violentas y crisis diplomáticas entre

---

[11] Benedicto XVI. *Viaje Apostólico a Múnich, Altötting y Ratisbona. Encuentro con el mundo de la Cultura. Discurso en la Universidad de Ratisbona*, 12 de septiembre de 2006.

algunos países islámicos y la Santa Sede. Después de unos meses, aclarados los malentendidos, volvió la paz mediática, e incluso el incidente sirvió para profundizar el diálogo entre la Iglesia y algunos intelectuales musulmanes.

Un incidente similar tuvo lugar a raíz de las declaraciones del Papa sobre la puesta en duda de la eficacia de los preservativos para combatir la epidemia del sida en África, con ocasión de su viaje a Camerún y Angola en marzo de 2009. Durante el vuelo hacia ese continente, ante una pregunta sobre la posición de la Iglesia para combatir esa enfermedad, el Papa habla de la asistencia que prestan tantos católicos en la lucha contra el sida, y añade que el problema no se resuelve sólo con dinero ni con la distribución de preservativos. La solución es doble: una humanización de la sexualidad y una verdadera amistad con las personas que sufren. Detrás de esta respuesta hay una antropología integral, que va hasta las causas de esa enfermedad. Pero los medios de comunicación occidentales se quedaron sólo con la puesta en duda de la eficacia de los preservativos, haciendo pasar a Benedicto XVI como un enemigo de la ciencia (aunque numerosos estudios científicos dan la razón a la postura del Papa).

Como acabamos de recordar, el levantamiento de la excomunión a cuatro obispos tradicionalistas, entre los que se encontraba el negacionista del holocausto, Williamson, fue también una "bomba" mediática. Algo falló en la comunicación interna del Vaticano, pero lo cierto es que Benedicto XVI no estaba al tanto de las declaraciones antisemitas de Williamson.

Por último, en 2012 tuvo lugar un triste episodio. El mayordomo del Papa, Paolo Gabriele, a quien Benedicto XVI trataba como un hijo, fue arrestado, juzgado y condenado por un tribunal vaticano por haber fotocopiado y puesto en circulación documentos reservados que se conservaban en los escritorios de la secretaría personal del Papa. Es el famoso *Vatileaks*. En la curia romana se creó un ambiente de desconfianza generalizada. Benedicto XVI nombró una comisión de tres cardenales para investigar lo que había sucedido. Al finalizar sus pesquisas, entregaron sus conclusiones al Papa, quien las conservó en su poder. Posteriormente, Benedicto transmitiría el material a su sucesor Francisco. En un gesto de misericordia, el Papa bávaro decidió indultar a Gabriele e incluso le consiguió un puesto de trabajo en una dependencia vaticana.

El escándalo de la pedofilia

Otro aspecto insoslayable de esos años fue el escándalo de la pedofilia en la Iglesia católica. El cardenal Ratzinger había sido en el pasado, desde la Congregación para la Doctrina de la Fe, el paladín de la lucha contra este cáncer en el seno de la Iglesia. Cuando se encontró en la sede de Pedro no le tembló la mano al tomar medidas severas para combatir este mal. Era una parte importante de lo que había denunciado en el *Via Crucis* del Viernes Santo de 2005, escrito por él mismo por encargo de Juan Pablo II. Escribía el cardenal: "¡Cuánta suciedad en la Iglesia y entre los que, por su sacerdocio, deberían estar entregados al Redentor! ¡Cuánta soberbia! La traición de los discípulos es el mayor dolor de Jesús".

Benedicto XVI impulsó durante todos los años de su pontificado una política de transparencia sobre los abusos a menores, dejando atrás la actitud de los que querían evitar escándalos para no ensuciar el nombre de la Iglesia. En varias oportunidades abordó las causas de estos fenómenos: entre ellas enunciaba las carencias de una teología moral, desarrollada entre los años 50 y 70, que no admitía que hubiera acciones intrínsecamente malas, como la pedofilia; y la secularización, que ha influido en la vida de los sacerdotes que abandonaron la vida sacramental y la oración. El Papa reconoce sin ambages las culpas de los hijos de la Iglesia. El 11 de mayo de 2010, en un diálogo con periodistas, así se expresaba: "La mayor persecución de la Iglesia no procede de los enemigos externos, sino que nace del pecado en la Iglesia y que la Iglesia, por tanto, tiene una profunda necesidad de volver a aprender la penitencia, de aceptar la purificación, de aprender, por una parte, el perdón, pero también la necesidad de la justicia. El perdón no sustituye la justicia".[12]

Las noticias llegadas desde Estados Unidos, Irlanda y Alemania encontraron a un Benedicto XVI decidido a investigar, juzgar y castigar a los culpables, e impulsó unas reformas jurídicas que facilitaran este proceso de purificación. Al mismo tiempo, mostró una gran cercanía con las víctimas, con las que mantuvo encuentros en muchos de sus viajes.

Vamos a detenernos en el manejo que hizo Benedicto de la crisis de los abusos en Irlanda, pues es manifestativo de su firme decisión de enfrentar este escándalo. El 19 de marzo de 2010 envió una carta a los católicos de la isla, en la que acusaba a muchos de los obispos de negligencia en la gestión de los abusos. Benedicto se dirigía al episcopado irlandés con estas severas palabras:

---

[12] Diálogo con los periodistas en el vuelo rumbo a Portugal, 11 de mayo de 2010.

No se puede negar que algunos de vosotros y de vuestros predecesores habéis fallado, a veces gravemente, a la hora de aplicar las normas, codificadas desde hace largo tiempo, del derecho canónico sobre los delitos de abusos de niños. Se han cometido graves errores en la respuesta a las acusaciones. Reconozco que era muy difícil captar la magnitud y la complejidad del problema, obtener información fiable y tomar decisiones adecuadas a la luz de los pareceres divergentes de los expertos. No obstante, hay que reconocer que se cometieron graves errores de juicio y hubo fallos de gobierno.[13]

También los sacerdotes culpables recibían una reprimenda severa. Con un tono de los antiguos profetas de Israel, escribía:

Habéis traicionado la confianza depositada en vosotros por jóvenes inocentes y por sus padres. Debéis responder de ello ante Dios todopoderoso y ante los tribunales debidamente constituidos. Habéis perdido la estima de la gente de Irlanda y arrojado vergüenza y deshonor sobre vuestros hermanos sacerdotes o religiosos. Los que sois sacerdotes habéis violado la santidad del sacramento del Orden, en el que Cristo mismo se hace presente en nosotros y en nuestras acciones. Además del inmenso daño causado a las víctimas, se ha hecho un daño enorme a la Iglesia y a la percepción pública del sacerdocio y de la vida religiosa.

---

[13] Benedicto XVI, *Carta pastoral a los católicos de Irlanda*, 19 de marzo de 2010, n. 11.

Os exhorto a examinar vuestra conciencia, a asumir la responsabilidad de los pecados que habéis cometido y a expresar con humildad vuestro pesar. El arrepentimiento sincero abre la puerta al perdón de Dios y a la gracia de la verdadera enmienda. Debéis tratar de expiar personalmente vuestras acciones ofreciendo oraciones y penitencias por aquellos a quienes habéis ofendido. El sacrificio redentor de Cristo tiene el poder de perdonar incluso el más grave de los pecados y de sacar el bien incluso del más terrible de los males. Al mismo tiempo, la justicia de Dios nos pide dar cuenta de nuestras acciones sin ocultar nada. Admitid abiertamente vuestra culpa, someteos a las exigencias de la justicia, pero no desesperéis de la misericordia de Dios.[14]

A las víctimas y a sus familias dirigía palabras llenas de compasión y de vergüenza:

Habéis sufrido inmensamente y eso me apesadumbra en verdad. Sé que nada puede borrar el mal que habéis soportado. Vuestra confianza ha sido traicionada y vuestra dignidad ha sido violada. Muchos habéis experimentado que cuando teníais el valor suficiente para hablar de lo que os había pasado, nadie quería escucharos. Los que habéis sufrido abusos en los internados debéis haber sentido que no había manera de escapar de vuestros sufrimientos. Es comprensible que os resulte difícil perdonar o reconciliaros con la Iglesia. En su nombre, expreso abiertamente la vergüenza y el remordimiento que sentimos todos. Al mismo tiempo, os pido que no

---

[14]   *Ibid.*, n. 7.

perdáis la esperanza. En la comunión con la Iglesia es donde nos encontramos con la persona de Jesucristo, que fue él mismo víctima de la injusticia y del pecado. Como vosotros, aún lleva las heridas de su sufrimiento injusto. Él entiende la profundidad de vuestro dolor y la persistencia de su efecto en vuestra vida y en vuestras relaciones con los demás, incluyendo vuestra relación con la Iglesia. Sé que a algunos de vosotros les resulta difícil incluso entrar en una iglesia después de lo que ha sucedido. Sin embargo, las heridas mismas de Cristo, transformadas por sus sufrimientos redentores, son los instrumentos que han roto el poder del mal y nos hacen renacer a la vida y la esperanza. Creo firmemente en el poder curativo de su amor sacrificial –incluso en las situaciones más oscuras y sin esperanza– que trae la liberación y la promesa de un nuevo comienzo.[15]

La severidad del Papa se refleja en la visita canónica que mandó realizar al episcopado irlandés. Varios obispos renunciaron o fueron dimitidos por Benedicto. Al mismo tiempo, desde Roma se emanaron disposiciones claras a todas las conferencias episcopales para que actúen con responsabilidad y rapidez. La seriedad con la que el Papa enfrentó esta crisis le ha valido los elogios de muchas personas, aunque siempre habrá gente que dirá que no se hizo lo suficiente.

---

[15] *Ibid.*, n. 6.

IV
Benedicto XVI: el diálogo entre fe y razón

Núcleos de su magisterio

Aunque fue un pontificado relativamente breve, dejó una honda huella en el magisterio de la Iglesia, y enriqueció con nuevos elementos la forma de exponer el misterio cristiano. Como ya hemos señalado, el principal interés del Papa era proponer nuevamente a Cristo como el Salvador de la humanidad. Pero para que esta propuesta tuviera alguna posibilidad de éxito, era necesario superar la crisis de la verdad de la que adolece la sociedad actual. El Papa alemán acuñó la expresión "dictadura del relativismo" para referirse a dicha crisis. Benedicto sostuvo la necesidad de ampliar la razón, superando los límites del positivismo cientificista, para abrirse a la verdad, en un continuo diálogo con la fe. Así se podrá llegar a verdades morales objetivas, que puedan estar en el fundamento de una sociedad digna de la persona humana. Al mismo tiempo, este diálogo alejaría el peligro de la instrumentalización de la religión al servicio de fines políticos, y la tentación siempre en acecho del fundamentalismo.

Estos elementos de su pensamiento están presentes a lo largo de todo su pontificado. Hemos elaborado una presentación sistemática de sus principios. Hay tres discursos que son insoslayables: en la Universidad de Ratisbona en 2006, en el Parlamento británico en 2010, y en el Parlamento alemán en 2011. En las páginas sucesivas haremos un resumen de estas tres intervenciones, para después presentar sistemáticamente sus núcleos conceptuales, que se encuentran también en otros documentos de su pontificado.

Discurso en la Universidad de Ratisbona, 12 de septiembre de 2006

En el marco de su viaje pastoral a su Baviera natal, Benedicto XVI pronunció un discurso en la Universidad de Ratisbona, una de sus antiguas *alma mater*. El Papa abre el discurso con algunos recuerdos de su vida universitaria, poniendo en evidencia su vocación académica profunda.

Como ya hemos tenido oportunidad de comentar, el discurso saltó a la fama por la interpretación que dieron algunos medios occidentales sobre una supuesta crítica del Papa a Mahoma como instigador de la violencia. La polémica mediática oscureció el contenido principal de este discurso: la necesidad de una razón ampliada que, mediante el diálogo con la fe, pueda superar los estrechos límites de la razón positivista y elimine el peligro del fundamentalismo. A continuación, exponemos sus ideas principales.

En la famosa cita que causó tantos equívocos, el Papa denunciaba el uso de la violencia para imponer una fe determinada. Citando al emperador bizantino Manuel II Paleólogo, decía:

> La violencia está en contraste con la naturaleza de Dios y la naturaleza del alma. "Dios no se complace con la sangre; no actuar según la razón es contrario a la naturaleza de Dios. La fe es fruto del alma, no del cuerpo. Por tanto, quien quiere llevar a otra persona a la fe necesita la capacidad de hablar bien y de razonar correctamente, y no recurrir a la violencia ni a las amenazas... Para convencer a un alma racional no hay que recurrir al propio brazo ni a instrumentos contundentes ni a ningún otro medio con el que se pueda amenazar de muerte a una persona".[1]

Observemos cómo el Papa sostiene que en la naturaleza misma de Dios hay una Razón, un Logos, utilizando la palabra griega tan querida por el pontífice, con la que también se designa al Verbo Encarnado: Jesucristo.

La condena de la violencia como arma para difundir una fe determinada no podía ser más oportuna. En el ambiente relativista actual se considera que la religión es un factor de odio y destrucción. No cabe duda de que en el pasado –y también, lamentablemente, en el presente– se ha querido imponer una determinada fe religiosa con medios violentos y negadores de la dignidad de la persona humana. Es un fenómeno que se ha dado en muchas tradiciones religiosas. También en el

---

[1] Benedicto XVI. *Viaje Apostólico a Múnich, Altötting y Ratisbona. Encuentro con el mundo de la Cultura. Discurso en la Universidad de Ratisbona,* 12 de septiembre de 2006.

cristianismo. A esto aludió repetidas veces Juan Pablo II cuando en el Jubileo del año 2000 animó a una purificación de la conciencia histórica. Pero tanto en las intervenciones del Papa polaco como en las de Benedicto XVI se denuncia la tergiversación y la corrupción de la fe religiosa cuando se utiliza la violencia. No es la religión causa de odio y destrucción, sino su degeneración, que toma el nombre de fundamentalismo, totalmente opuesto al auténtico sentido religioso, y en particular a la doctrina cristiana de amor, paz, libertad, perdón y reconciliación. Y todavía más profundamente, valga la redundancia, la violencia hace violencia a la misma naturaleza de Dios, que es Logos y que es Amor.[2]

A su vez, en el discurso de Ratisbona queda clara la exigencia de ensanchar la razón: "En el mundo occidental está muy difundida la opinión según la cual sólo la razón positivista y las formas de la filosofía derivadas de ella son universales. Pero las culturas profundamente religiosas del mundo consideran que precisamente esta exclusión de lo divino de la universalidad de la razón constituye un ataque a sus convicciones más íntimas. Una razón que sea sorda a lo divino y relegue la religión al ámbito de las subculturas,

---

[2] En su *Mensaje para la Jornada Mundial de la Paz de 2011*, Benedicto XVI afirmaba: "La instrumentalización de la libertad religiosa para enmascarar intereses ocultos, como por ejemplo la subversión del orden constituido, la acumulación de recursos o la retención del poder por parte de un grupo, puede provocar daños enormes a la sociedad. El fanatismo, el fundamentalismo, las prácticas contrarias a la dignidad humana, nunca se pueden justificar y mucho menos si se realizan en nombre de la religión. La profesión de una religión no se puede instrumentalizar ni imponer por la fuerza. Es necesario, entonces, que los Estados y las diferentes comunidades humanas no olviden nunca que la libertad religiosa es condición para la búsqueda de la verdad y que la verdad no se impone con la violencia sino por 'la fuerza de la misma verdad'. En este sentido, la religión es una fuerza positiva y promotora de la construcción de la sociedad civil y política" (n. 7).

es incapaz de entrar en el diálogo de las culturas".[3] Es una razón raquítica, que deja de lado las realidades más profundas.

Benedicto XVI, insertándose en una larga tradición filosófica y teológica, afirma con nitidez la capacidad del hombre de llegar a conocer a Dios. Para ello tenemos dos vías maestras: por un lado, la revelación sobrenatural a la cual llegamos a través de la fe, y por otro, la revelación natural en la cual profundizamos por medio de la razón.

Hoy presenciamos un distanciamiento entre fe y razón. No siempre fue así: su mutuo entendimiento y complementariedad se comenzaba a dar en tiempos del Antiguo Testamento, cuando Yavé afirma de sí mismo "Yo soy el que soy" (Ex 3, 14). Señala el Papa: "Ya el nombre misterioso de Dios pronunciado en la zarza ardiente, que distingue a este Dios del conjunto de las divinidades con múltiples nombres, y que afirma de él simplemente 'Yo soy', su ser, es una contraposición al mito, que tiene una estrecha analogía con el intento de Sócrates de batir y superar el mito mismo".[4] La revelación judeo-cristiana sostendrá la razonabilidad de Dios, aunque haya muchas verdades de fe que superen la capacidad de la razón, pero que no por esto son absurdas, sino razonables. La inculturación de la fe en el ámbito griego tuvo como fruto que el pensamiento filosófico sirviera de instrumento racional apto para exponer la doctrina cristiana.

Esta unión entre fe y razón, sin embargo, comienza a resquebrajarse en la Baja Edad Media. Benedicto XVI explica cómo, después de las doctrinas de san

---

[3]   Benedicto XVI. *Viaje Apostólico a Múnich, Altötting y Ratisbona…*
[4]   *Ibid.*

Agustín y santo Tomás, que afirmaban la relación entre la Inteligencia Divina y el mundo creado, surgen teorías que sostienen que conocemos en este mundo la voluntad de Dios, pero "más allá de ésta existiría la libertad de Dios, en virtud de la cual habría podido crear y hacer incluso lo contrario de todo lo que efectivamente ha hecho".[5] En otras palabras, con base en el voluntarismo divino, las cosas son buenas o malas porque Dios lo ha querido así, pero podrían ser de otra manera, porque dicha bondad o maldad no dependen de la naturaleza de las cosas creadas por Dios, sino de un decreto de su voluntad: mentir es malo porque así lo decretó Dios, y no porque dependa de la naturaleza misma de la comunicación entre dos personas. Esto fue generando una progresiva desconfianza en la certeza de la verdad de nuestros conocimientos. Ya que la razón, que es la que nos permite conocer, perdió la seguridad que tenía de ser imagen y semejanza de la Razón Divina, fuente de toda verdad.

Se inicia así una separación de los elementos racionales, provenientes en su mayor parte de la filosofía griega, y se deja a la fe completamente sola, desprovista de racionalidad. En este proceso cobra particular importancia el principio luterano de *sola Scriptura*: "La metafísica se presenta como un presupuesto que proviene de otra fuente y del cual se debe liberar a la fe para que ésta vuelva a ser totalmente ella misma". Más adelante será Kant, "con su afirmación de que había tenido que renunciar a pensar para dejar espacio a la fe, desarrolló este programa con un radicalismo no previsto por los reformadores. De este modo, ancló la fe exclusivamente en la razón práctica, negándole el acceso a la realidad

---

[5]   *Ibid.*

plena". Si para creer hay que dejar de pensar, fe y razón ya no tienen relación alguna.

La razón, desligada por completo de la fe, se abocará a descubrir cómo funciona la naturaleza, para dominarla: "Por una parte, se presupone la estructura matemática de la materia, su racionalidad intrínseca, por decirlo así, que hace posible comprender cómo funciona y puede ser utilizada [...]. Por otra, se trata de la posibilidad de explotar la naturaleza para nuestros propósitos, en cuyo caso sólo la posibilidad de verificar la verdad o falsedad mediante la experimentación ofrece la certeza decisiva".[6]

La consecuencia derivada de un planteamiento de esta naturaleza es que sólo se considerarán como certeras las afirmaciones provenientes de la correlación que se establece entre la matemática y el método empírico. De hecho, ciencias humanas tales como la psicología, la sociología, la historia y la filosofía han adoptado este canon de justificación científica. Se desprende asimismo de la justificación de este método empírico-matemático la exclusión del problema de Dios considerándolo un asunto acientífico o precientífico.

Esta consideración de la ciencia propuesta en la Modernidad conlleva necesariamente la reducción existencial del hombre. Los interrogantes fundamentales que atañen al origen y fin de la existencia humana, los cuestionamientos que pertenecen a la ética y a la religión, ya no encuentran un lugar en el "ámbito científico", reducido al campo empírico-matemático. Por el contrario, ética y religión se hallan encerradas exclusivamente en lo subjetivo, con los consiguientes peligros que esto trae aparejado:

---

[6] *Ibid.*

El sujeto, basándose en su experiencia, decide lo que considera admisible en el ámbito religioso y la "conciencia" subjetiva se convierte, en definitiva, en la única instancia ética. Pero, de este modo, el *ethos* y la religión pierden su poder de crear una comunidad y se convierten en un asunto totalmente personal. La situación que se crea es peligrosa para la humanidad, como se puede constatar en las patologías que amenazan a la religión y a la razón, patologías que irrumpen por necesidad cuando la razón se reduce hasta el punto de que ya no le interesan las cuestiones de la religión y de la ética. Lo que queda de esos intentos de construir una ética partiendo de las reglas de la evolución, de la psicología o de la sociología, es simplemente insuficiente.[7]

No se trata de desconocer el progreso que ha experimentado la humanidad en el campo científico: más bien será imprescindible que la razón esté dispuesta a obedecer siempre a la verdad, que no se reduce al ámbito de la experimentación científica. De este modo podremos evitar muchos peligros que las nuevas posibilidades técnicas presentan. No olvidemos que fue la razón instrumental de la Ilustración la que no supo dar una orientación ética al progreso tecnológico, y por lo tanto no logró impedir ni el uso de la energía nuclear para fines destructivos, ni los desarrollos de la química y de la física para métodos genocidas, ni evitó los desastres ecológicos que hoy contemplamos. El modo concreto de superar estos problemas se realiza en el diálogo entre la fe y la razón. Hay que revalorizar las disciplinas teológicas, y en su contacto con las ciencias positivas.

---

[7] *Ibid.*

"Sólo así seremos capaces de entablar un auténtico diálogo entre las culturas y las religiones, del cual tenemos urgente necesidad".[8]

La razón moderna, continúa el Santo Padre en su discurso, debe reconocer su imposibilidad de responder a interrogantes que la trascienden y superan las potencialidades de su método: "La razón científica moderna ha de aceptar simplemente la estructura racional de la materia y la correspondencia entre nuestro espíritu y las estructuras racionales que actúan en la naturaleza como un dato de hecho, en el cual se basa su método. Ahora bien, la pregunta sobre el por qué existe este dato de hecho, la deben plantear las ciencias naturales a otros ámbitos más amplios y altos del pensamiento, como son la filosofía y la teología".[9]

Benedicto XVI finalizaba su discurso invitando a los profesores universitarios a abrirse "a este gran *logos*, a esta amplitud de la razón. Redescubrirla constantemente por nosotros mismos es la gran tarea de la universidad".

Discurso en Westminster Hall, 17 de septiembre de 2010

Durante su vista al Reino Unido en 2010, Benedicto XVI fue invitado a pronunciar un discurso a los representantes del mundo político, social, académico, cultural y empresarial británico, así como a los miembros del cuerpo diplomático y a los líderes religiosos. El lugar escogido no podía ser más significativo: Westminster Hall, el

---

[8] *Ibid.*
[9] *Ibid.*

aula más antigua del Parlamento británico. Pocos lugares son más emblemáticos para la cultura relativista contemporánea. En los últimos años, la legislación británica traspasó muchas barreras del orden natural: aborto, experimentación con embriones, "matrimonio homosexual", etc. Pero sería injusto identificar al Parlamento británico y su tradición jurídica con el relativismo moral. En sus aulas, desde los siglos medievales, se legisló a favor de la persona humana, se concretaron pasos muy avanzados para la salvaguardia de sus derechos, se abolió la esclavitud. Paralelamente, la libertad religiosa sufrió muchos menoscabos, y en el Parlamento y los palacios adyacentes se desarrolló el drama de la conciencia de santo Tomás Moro.

La presencia del sucesor de Clemente VII, que había excomulgado a su Majestad Británica, causó una gran expectativa. La misma invitación cursada al Romano Pontífice fue signo de sorpresa, y en algún caso de reprobación. Pero Benedicto XVI no dejó pasar la oportunidad para hablar desde ese púlpito laico a la humanidad, y en particular al mundo occidental. El Papa comenzó su discurso reconociendo que para él era un privilegio hablar en "un edificio de significación única en la historia civil y política del pueblo de estas islas". Recordando el influjo cuasiuniversal del Parlamento británico en la legislación de muchos países, manifestaba al mismo tiempo su estima por dicha institución. No era sólo una *captatio benevolentiae*, un gesto para quedar bien: Benedicto XVI apreciaba los valores de la tradición democrática occidental, y consideraba –como su predecesor, Juan Pablo II– que instituciones democráticas como la separación de poderes pueden ser eficaces salvaguardias de la persona.

El Papa hizo referencia a los innumerables protagonistas de tantos acontecimientos que se desarrollaron entre esos muros. En particular, recordó "la figura de santo Tomás Moro, el gran erudito inglés y hombre de Estado, quien es admirado por creyentes y no creyentes por la integridad con la que fue fiel a su conciencia, incluso a costa de contrariar al soberano de quien era un 'buen servidor', pues eligió servir primero a Dios".[10] Benedicto XVI tomó pie del dilema que tuvo que afrontar el santo canciller de Inglaterra –lo que se debe dar al César y lo que se debe dar a Dios– para dirigir al público allí congregado una brillante lección de sana laicidad. Con gran dote pedagógica, el sumo pontífice ponía en relación la Doctrina Social de la Iglesia con la tradición parlamentaria británica, afirmando que "por la protección de la dignidad única de toda persona humana, creada a imagen y semejanza de Dios, y en su énfasis en los deberes de la autoridad civil para la promoción del bien común", propia del magisterio social, tiene mucho en común con la lucha parlamentaria inglesa a favor de los derechos civiles. Es interesante comprobar cómo el Papa no se pone "fuera", como un espectador distante de una tradición jurídica extranjera, sino que, como buen pontífice, construye puentes entre el magisterio y la tradición del derecho positivo que, en el caso inglés, durante siglos estuvo bien entroncado con el derecho natural.

Volviendo a la problemática de santo Tomás Moro, afirmaba:

Cada generación, al tratar de progresar en el bien común, debe replantearse: ¿qué exigencias pueden imponer los gobiernos a los ciudadanos de manera

---

[10] *Discurso en Westminster Hall*, 17 de septiembre de 2010.

razonable? Y ¿qué alcance pueden tener? ¿En nombre de qué autoridad pueden resolverse los dilemas morales? Estas cuestiones nos conducen directamente a la fundamentación ética de la vida civil. Si los principios éticos que sostienen el proceso democrático no se rigen por nada más sólido que el mero consenso social, entonces este proceso se presenta evidentemente frágil. Aquí reside el verdadero desafío para la democracia.[11]

La fundamentación ética de la vida civil tuvo un papel protagónico en "uno de los logros particularmente notables del Parlamento británico: la abolición del tráfico de esclavos. La campaña que condujo a promulgar este hito legislativo estaba edificada sobre firmes principios éticos, enraizados en la ley natural, y brindó una contribución a la civilización de la cual esta nación puede estar orgullosa". Benedicto XVI encuentra la fundamentación ética de las deliberaciones políticas en la razón natural, la cual, si es purificada e iluminada por la fe, podrá llegar con más facilidad a esa fundamentación.

En Westminster Hall, al igual que en Ratisbona, el Papa hace un llamado a la colaboración entre fe y razón.

La tradición católica mantiene que las normas objetivas para una acción justa de gobierno son accesibles a la razón, prescindiendo del contenido de la revelación. En este sentido, el papel de la religión en el debate político no es tanto proporcionar dichas normas, como si no pudieran conocerlas los no creyentes. Menos aún proponer soluciones políticas

---

[11] *Ibid.*

concretas, algo que está totalmente fuera de la competencia de la religión. Su papel consiste más bien en ayudar a purificar e iluminar la aplicación de la razón al descubrimiento de principios morales objetivos.[12]

Pero como ya hemos visto, la relación fe-razón no es unilateral. También la razón tiene que cumplir su papel "purificador".

Continuaba el santo padre:

Este papel "corrector" de la religión respecto a la razón no siempre ha sido bienvenido, en parte debido a expresiones deformadas de la religión, tales como el sectarismo y el fundamentalismo, que pueden ser percibidas como generadoras de serios problemas sociales. Y a su vez, dichas distorsiones de la religión surgen cuando se presta una atención insuficiente al papel purificador y vertebrador de la razón respecto a la religión. Se trata de un proceso en doble sentido.[13]

Benedicto XVI mostraba a su audiencia las consecuencias de la falta de diálogo entre fe y razón:

Sin la ayuda correctora de la religión, la razón puede ser también presa de distorsiones, como cuando es manipulada por las ideologías o se aplica de forma parcial en detrimento de la consideración plena de la dignidad de la persona humana. Después de todo, dicho abuso de la razón fue lo que provocó la trata de esclavos en primer lugar y otros muchos males sociales, en particular la difusión de las ideologías

---

[12]   *Ibid.*
[13]   *Ibid.*

totalitarias del siglo xx. Por eso deseo indicar que el mundo de la razón y el mundo de la fe –el mundo de la racionalidad secular y el mundo de las creencias religiosas– necesitan uno de otro y no deberían tener miedo de entablar un diálogo profundo y continuo, por el bien de nuestra civilización. En otras palabras, la religión no es un problema que los legisladores deban solucionar, sino una contribución vital al debate nacional.[14]

El Papa se aproximaba al final de su discurso. Había transitado por la vía de san Pablo en Atenas: buscando puntos comunes para iniciar un diálogo fecundo que se abra a la verdad. El apóstol se había apoyado en algo material: el altar al dios desconocido. Algo similar hizo Benedicto XVI, tomando ocasión de la rica ornamentación del techo del Hall: "Los ángeles que nos contemplan desde el espléndido cielo de este antiguo salón nos recuerdan la larga tradición en la que la democracia parlamentaria británica se ha desarrollado. Nos recuerdan que Dios vela constantemente para guiarnos y protegernos; y, a su vez, nos invitan a reconocer la contribución vital que la religión ha brindado y puede seguir brindando a la vida de la nación".[15]

Discurso al Parlamento alemán *(Bundestag)*, 22 de septiembre de 2011

El viaje del Papa alemán a Berlín tenía un significado histórico. La ciudad estuvo en el centro de una trágica

---

14 *Ibid.*
15 *Ibid.*

historia europea y mundial en el siglo xx. El peso del pasado –en particular, el paso por el poder del nacionalsocialismo– se hizo presente en el discurso de Benedicto XVI al *Bundestag,* y sirvió como ejemplo para mostrar con los hechos la necesidad de edificar instituciones políticas y sociales no sólo sobre el consenso mayoritario de la población, sino sobre auténticos valores morales.

Desde el inicio, el Papa anunció el objeto de su intervención: "Quisiera proponerles algunas consideraciones sobre los fundamentos del estado liberal de derecho". Sirviéndose de la historia del rey Salomón, que pide a Dios sabiduría para saber gobernar a su pueblo y para poder distinguir entre el bien y el mal, Benedicto recuerda a los legisladores que han de inspirarse por los valores de justicia y derecho para legislar en favor del bien común. Citaba a su maestro, san Agustín, mientras recordaba el oscuro pasado alemán:

> "Quita el derecho y, entonces, ¿qué distingue el Estado de una gran banda de bandidos?", dijo en cierta ocasión san Agustín. Nosotros, los alemanes, sabemos por experiencia que estas palabras no son una mera quimera. Hemos experimentado cómo el poder se separó del derecho, se enfrentó contra él; cómo se pisoteó el derecho, de manera que el Estado se convirtió en el instrumento para la destrucción del derecho; se transformó en una cuadrilla de bandidos muy bien organizada, que podía amenazar el mundo entero y llevarlo hasta el borde del abismo.[16]

---

[16] *Discurso al Parlamento alemán (Bundestag)*, 22 de septiembre de 2011.

La pregunta que surge inmediatamente es: "¿Cómo podemos reconocer lo que es justo? ¿Cómo podemos distinguir entre el bien y el mal, entre el derecho verdadero y el derecho sólo aparente? La petición salomónica sigue siendo la cuestión decisiva ante la que se encuentra también hoy el político y la política misma".

En muchos casos, el criterio de la mayoría puede ser suficiente. Sin embargo, no siempre ha sido así. Benedicto insiste en sacar experiencia de la historia: los resistentes al régimen nazi y a otros totalitarismos se opusieron al derecho vigente, que era, en realidad, una injusticia. Insiste el Papa:

> ¿Cómo se reconoce lo que es justo? En la historia, los ordenamientos jurídicos han estado casi siempre motivados de modo religioso: sobre la base de una referencia a la voluntad divina, se decide aquello que es justo entre los hombres. Contrariamente a otras grandes religiones, el cristianismo nunca ha impuesto al Estado y a la sociedad un derecho revelado, un ordenamiento jurídico derivado de una revelación. En cambio, se ha remitido a la naturaleza y a la razón como verdaderas fuentes del derecho, se ha referido a la armonía entre razón objetiva y subjetiva, una armonía que, sin embargo, presupone que ambas esferas estén fundadas en la Razón creadora de Dios.[17]

Benedicto XVI reconoció que hoy en día hablar de derecho natural es considerado fuera de lugar, pues se ha reducido a una doctrina tomada en cuenta únicamente en el ámbito católico. La causa de esta situación

---

[17] *Ibid.*

se encuentra en el positivismo, que mira la naturaleza humana sólo desde un punto de vista funcional. Una naturaleza entendida exclusivamente como un conjunto de datos objetivos unidos por relaciones de causa-efecto, como la define Hans Kelsen, no es una base de la que podamos obtener alguna indicación ética. Hay que superar esta visión estrecha. Citemos extensamente las palabras textuales del Papa:

> El concepto positivista de naturaleza y razón, la visión positivista del mundo es en su conjunto una parte grandiosa del conocimiento humano y de la capacidad humana, a la cual en modo alguno debemos renunciar en ningún caso. Pero ella misma no es una cultura que corresponda y sea suficiente en su totalidad al ser hombres en toda su amplitud. Donde la razón positivista es considerada como la única cultura suficiente, relegando todas las demás realidades culturales a la condición de subculturas, ésta reduce al hombre, más todavía, amenaza su humanidad. Lo digo especialmente mirando a Europa, donde en muchos ambientes se trata de reconocer solamente el positivismo como cultura común o como fundamento común para la formación del derecho, reduciendo todas las demás convicciones y valores de nuestra cultura al nivel de subcultura. Con esto, Europa se sitúa ante otras culturas del mundo en una condición de falta de cultura, y se suscitan al mismo tiempo corrientes extremistas y radicales. La razón positivista, que se presenta de modo exclusivo y que no es capaz de percibir nada más que aquello que es funcional, se parece a los edificios de cemento armado sin ventanas, en los que logramos el clima y la luz por nosotros mismos, sin querer recibir ya ambas

cosas del gran mundo de Dios. Y, sin embargo, no podemos negar que en este mundo autoconstruido recurrimos en secreto igualmente a los "recursos" de Dios, que transformamos en productos nuestros. Es necesario volver a abrir las ventanas, hemos de ver nuevamente la inmensidad del mundo, el cielo y la tierra, y aprender a usar todo esto de modo justo.[18]

Benedicto XVI toma pie de la aparición en la escena política alemana, en los años 70, de grupos ecologistas que se batían por el respeto a la naturaleza. Se daban cuenta que algo no iba bien en la relación entre las personas humanas y el medio ambiente. El Papa comparte con ellos la importancia de la ecología. A su vez, añade:

> Debemos escuchar el lenguaje de la naturaleza y responder a él coherentemente. Sin embargo, quisiera afrontar seriamente un punto que –me parece– se ha olvidado tanto hoy como ayer: hay también una ecología del hombre. También el hombre posee una naturaleza que él debe respetar y que no puede manipular a su antojo. El hombre no es solamente una libertad que él se crea por sí solo. El hombre no se crea a sí mismo. Es espíritu y voluntad, pero también naturaleza, y su voluntad es justa cuando él respeta la naturaleza, la escucha, y cuando se acepta como lo que es, y admite que no se ha creado a sí mismo. Así, y sólo de esta manera, se realiza la verdadera libertad humana.[19]

---

[18]   *Ibid.*
[19]   *Ibid.*

El Papa finalizaba su intervención recordando cómo los grandes principios políticos de las democracias tienen sus raíces en la tradición occidental –de origen griego, romano y cristiano–, que ha sabido confiar en una razón abierta a la verdad.

> A este punto, debería venir en nuestra ayuda el patrimonio cultural de Europa. Sobre la base de la convicción de la existencia de un Dios creador, se ha desarrollado el concepto de los derechos humanos, la idea de la igualdad de todos los hombres ante la ley, la conciencia de la inviolabilidad de la dignidad humana de cada persona y el reconocimiento de la responsabilidad de los hombres por su conducta. Estos conocimientos de la razón constituyen nuestra memoria cultural. Ignorarla o considerarla como mero pasado sería una amputación de nuestra cultura en su conjunto y la privaría de su integridad. La cultura de Europa nació del encuentro entre Jerusalén, Atenas y Roma; del encuentro entre la fe en el Dios de Israel, la razón filosófica de los griegos y el pensamiento jurídico de Roma. Este triple encuentro configura la íntima identidad de Europa. Con la certeza de la responsabilidad del hombre ante Dios y reconociendo la dignidad inviolable del hombre, de cada hombre, este encuentro ha fijado los criterios del derecho; defenderlos es nuestro deber en este momento histórico.[20]

El Papa alemán animaba a sus connacionales a pedir, como Salomón, la sabiduría para distinguir el

---

[20] *Ibid.*

bien del mal, y "así establecer un verdadero derecho, servir a la justicia y la paz".[21]

* * *

Habiendo presentado los tres discursos clave –se podría haber añadido el preparado y posteriormente no pronunciado en la Universidad de La Sapienza de Roma, en enero de 2008, pero preferimos no hacerlo por su complejidad para el lector medio– nos referiremos ahora a los temas abordados allí, utilizando otras citas pontificias.

El relativismo

¿Cuáles son los rasgos más característicos del relativismo, según lo ve Benedicto XVI? Podríamos enumerar algunos: la afirmación de un antropocentrismo subjetivista y la consecuente relegación de Dios, la pérdida de la noción de naturaleza humana, y el empobrecimiento de la libertad, que degenera en arbitrariedad.

Tal como lo describe en la homilía antes citada de la Misa *pro eligendo Romano Pontifice*, el relativismo se caracterizaría por un antropocentrismo subjetivista, que reedita la actitud de los antiguos sofistas griegos, afirmando que el hombre es la medida de todas las cosas. En su primer año de pontificado Benedicto XVI sostenía: "La cultura actual, profundamente marcada por un subjetivismo que desemboca muchas veces en el individualismo extremo o en el relativismo, impulsa a los hombres a convertirse en única medida de sí mismos,

---

[21] *Ibid.*

perdiendo de vista otros objetivos que no estén centrados en su propio yo, transformado en único criterio de valoración de la realidad y de sus propias opciones".[22]

La autorreferencialidad del hombre relativista implica que Dios sea relegado. O se niega su existencia o, aun admitiéndola, se considera que es una realidad propia de la intimidad de la conciencia privada e individual, o mero sentimiento de una presencia vaga:

> Se quiere relegar a Dios a la esfera privada, a un sentimiento, como si él no fuera una realidad objetiva; y así cada uno se forja su propio proyecto de vida. Pero esta visión, que se presenta como si fuera científica, sólo acepta como válido lo que se puede verificar con experimentos. Con un Dios que no se presta al experimento de lo inmediato, esta visión acaba por perjudicar también a la sociedad, pues de ahí se sigue que cada uno se forja su propio proyecto y al final cada uno se sitúa contra el otro. Como se ve, una situación en la que realmente no se puede vivir.[23]

De ahí que Benedicto XVI considerara imprescindible –parece obvio, pero la crisis cultural relativista es tan grave que nada se puede dar por descontado– la necesidad de volver a Dios, de insistir en su catequesis en la existencia de Dios, el Único que puede orientar la existencia humana hacia una vida lograda. En respuesta a una pregunta de un periodista en su viaje apostólico a Austria, el Papa expuso su prioridad pastoral: "Yo sólo quiero confirmar a la gente en la fe, pues precisamente

---

[22] *Mensaje del Santo Padre Benedicto XVI a los miembros de las Academias Pontificias.* 5 de noviembre de 2005.

[23] *Encuentro con los jóvenes de Roma y del Lacio como preparación para la XXI Jornada de la Juventud.* 6 de abril de 2006.

también hoy necesitamos a Dios, necesitamos una orientación que dé una dirección a nuestra vida. Una vida sin orientación, sin Dios, no tiene sentido; queda vacía. El relativismo lo relativiza todo y, al final, ya no se puede distinguir el bien del mal.[24]

Junto con este "retorno a Dios", el Papa insistía en que la persona humana debe recuperar la conciencia de su condición creatural: no somos seres completamente autónomos, sino que hemos recibido nuestra existencia como don gratuito, que hemos de hacer fructificar: "Debemos hacer que Dios esté nuevamente presente en nuestras sociedades. Ésta me parece la primera necesidad: que Dios esté de nuevo presente en nuestra vida, que no vivamos como si fuéramos autónomos, autorizados a inventar lo que son la libertad y la vida. Debemos tomar conciencia de que somos criaturas, constatar que Dios nos ha creado y que seguir su voluntad no es dependencia sino un don de amor que nos da vida".[25]

Si el antropocentrismo subjetivista es un rasgo clave del relativismo dominante, y la relegación de Dios una de sus consecuencias principales, otra de las consecuencias importantes es la pérdida de la noción de naturaleza humana como principio de orientación moral. El autoerigirse del hombre en árbitro de la verdad y del error, del bien y del mal, así como el olvido de su condición creatural, lleva a negar la existencia misma de una naturaleza humana, creada por Dios y común a

---

[24] *Viaje apostólico a Austria con ocasión del 850 aniversario de la Fundación del Santuario de Mariazell. Palabras del Santo Padre en su conversación con los periodistas durante el vuelo.* 7 de septiembre de 2007.
[25] *Encuentro con los jóvenes de Roma y del Lacio...*

toda la humanidad, fuente de moralidad y guía para la consecución del fin existencial: la felicidad a través del conocimiento de la verdad, la posesión del bien y la contemplación de la belleza.

Si la naturaleza ofrece una estructura a la condición humana, y la dota de unos puntos de referencia a través de sus inclinaciones para alcanzar la perfección moral, su negación convierte a la vida humana en algo manipulable. Teniendo en cuenta que el hombre es criatura, con una existencia recibida, y con unos fines pre-establecidos, a los que tiene que tender con libertad, no podrá lícitamente disponer a su capricho sobre su vida o sobre la vida de los demás. Negar esto tendrá innumerables consecuencias en el campo de la bioética, sobre todo teniendo en cuenta que con el desarrollo de las técnicas de bioingeniería el hombre puede –aunque no debe– manipular la vida humana:

> Éste es un ámbito muy delicado y decisivo, donde se plantea con toda su fuerza dramática la cuestión fundamental: si el hombre es un producto de sí mismo o si depende de Dios. Los descubrimientos científicos en este campo y las posibilidades de una intervención técnica han crecido tanto que parecen imponer la elección entre estos dos tipos de razón: una razón abierta a la trascendencia o una razón encerrada en la inmanencia. Estamos ante un *aut aut* decisivo. Pero la racionalidad del quehacer técnico centrada sólo en sí misma se revela como irracional, porque comporta un rechazo firme del sentido y del valor. Por ello, la cerrazón a la trascendencia tropieza con la dificultad de pensar cómo es posible que de la nada haya surgido el ser y de la casualidad la inteligencia. Ante estos problemas tan dramáticos, razón

y fe se ayudan mutuamente. Sólo juntas salvarán al hombre.[26]

La pérdida de la noción de naturaleza humana no sólo implica el peligro de la manipulación e instrumentalización del hombre por el hombre. También está en riesgo su identidad. Quienes sostienen la existencia de una naturaleza humana dotada de sentido concuerdan en atribuirle un carácter sexuado. La persona humana es varón o mujer. Es un dato que proporciona no sólo el libro del Génesis, sino la biología, la neurología, la psicología y el sentido común. El relativismo imperante alcanzará una de las cotas más extremas con la ideología de género. Según la perspectiva de género, la identidad sexual no viene dada, sino que es construida autónomamente por el individuo.

Esto traerá consecuencias para la concepción del matrimonio y la familia. La más llamativa es la legalización del "matrimonio" entre personas del mismo sexo. Decía Benedicto XVI a los obispos canadienses: "En nombre de la 'tolerancia' vuestro país ha tenido que soportar la insensatez de la redefinición del término 'cónyuge', y en nombre de la 'libertad de elección' afronta la destrucción diaria de niños no nacidos. Cuando se ignora el plan divino del Creador, se pierde la verdad de la naturaleza humana".[27] El Papa no se cansará de insistir en la necesidad de la defensa de la familia, basada en el matrimonio heterosexual, indisoluble y abierto a la vida.

La supresión de la noción de naturaleza humana implica también la desaparición de las diferencias entre la persona y la naturaleza material. Benedicto XVI

---

[26] *Caritas in veritate*, n. 75.

[27] *Discurso al tercer grupo de obispos de Canadá en visita* ad limina. 8 de septiembre de 2006.

se mostró muy preocupado por el problema ecológico y quiso remover la conciencia de la humanidad para que se haga responsable del ambiente. Pero lo hizo en una perspectiva personalista: el ambiente está al servicio de la persona humana, única creatura querida por Dios en sí misma. Por eso, denunció las visiones biologistas que degradan la naturaleza humana a mero elemento de la naturaleza material: "Es contrario al verdadero desarrollo considerar la naturaleza como más importante que la persona humana misma. Esta postura conduce a actitudes neopaganas o de nuevo panteísmo: la salvación del hombre no puede venir únicamente de la naturaleza, entendida en sentido puramente naturalista".[28]

El Papa puso en relación la defensa del ambiente con la ecología humana. Si no respetamos a la persona, centro y culmen de la creación, es inútil la defensa del ambiente:

> Es una contradicción pedir a las nuevas generaciones el respeto al ambiente natural, cuando la educación y las leyes no las ayudan a respetarse a sí mismas. El libro de la naturaleza es uno e indivisible, tanto en lo que concierne a la vida, la sexualidad, el matrimonio, la familia, las relaciones sociales, en una palabra, el desarrollo humano integral. Los deberes que tenemos con el ambiente están relacionados con los que tenemos para con la persona considerada en sí misma y en su relación con los otros. No se pueden exigir unos y conculcar otros. Es una grave antinomia de la mentalidad y de la praxis actual, que envilece a la persona, trastorna el ambiente y daña a la sociedad.[29]

---

[28] *Caritas in veritate*, n. 48.

[29] *Ibid.*, n. 51.

Con estas palabras, Benedicto XVI denunció la incoherencia de los que luchan por la supervivencia de las ballenas –tarea digna de todo elogio– y a su vez apoyan la liberación del aborto.

La tradición clásica definía la libertad como la autodeterminación en el bien. La naturaleza humana tiende hacia unos fines: el conocimiento de la verdad, el amor al bien, la contemplación de la belleza. Más concretamente, el fin último del hombre es Dios, que identificamos con la Verdad, el Bien y la Belleza. La persona humana, en virtud de su carácter espiritual, tiende a estos fines libremente: se autoencamina con su voluntad hacia ellos. Pero si se desconoce o niega la naturaleza humana en su sentido finalista, la libertad queda sin brújula. La crisis de la verdad lleva consigo una crisis de la libertad, que fácilmente degenera en arbitrariedad, desenfreno pasional y vacío existencial. Como su predecesor, Benedicto XVI insistió repetidas veces en el binomio verdad-libertad. "En la actualidad, un obstáculo particularmente insidioso para la obra educativa es la masiva presencia, en nuestra sociedad y cultura, del relativismo que, al no reconocer nada como definitivo, deja como última medida sólo el propio yo con sus caprichos; y, bajo la apariéncia de la libertad, se transforma para cada uno en una prisión, porque separa al uno del otro, dejando a cada uno encerrado dentro de su propio 'yo' ".[30]

El Papa recordaba a quienes tienen responsabilidades directivas en la sociedad la necesidad de hacer valer la verdad y la libertad:

---

[30] *Discurso en la ceremonia de apertura de la Asamblea Eclesial de la Diócesis de Roma.* 6 de junio de 2005.

Aristóteles definió el bien como "aquello a lo que tienden todas las cosas" y llegó a sugerir que "aunque sea digno conseguir el fin incluso sólo para un hombre, sin embargo, es más bello y más divino conseguirlo para una nación o para una polis" (*Ética nicomáquea*, 1; cf. *Caritas in veritate*, 2). En verdad, la alta responsabilidad de mantener despierta la sensibilidad ante la verdad y el bien recae sobre cualquiera que desempeñe el papel de guía: en el campo religioso, político o cultural, cada uno según su modo propio. Juntos debemos comprometernos en la lucha por la libertad y en la búsqueda de la verdad: ambas van juntas, mano a mano, o juntas perecen miserablemente (cf. *Fides et ratio*, 90).[31]

La libertad sin verdad se convierte en simple arbitrariedad de los deseos, empobreciendo el proyecto existencial de la persona. Refiriéndose a la situación del Canadá, pero que es aplicable a todo el mundo occidental, el Papa afirmaba que el relativismo, "al no reconocer nada como definitivo, considera como criterio último sólo la propia voluntad y los propios deseos. Dentro de este horizonte relativista se produce un eclipse de los sublimes objetivos de la vida, así como una reducción del nivel de excelencia, una timidez ante la categoría de bien y una búsqueda de novedades tenaz pero sin sentido, que se ostenta como realización de la libertad".[32]

A pesar de las apariencias de liberación de los dogmas que trae consigo el relativismo, en realidad la ideología dominante se convierte en la tumba de la

---

[31] *Viaje apostólico a la República Checa. Encuentro con las autoridades civiles y el cuerpo diplomático. Discurso en el Palacio presidencial de Praga - Sala Española.* 26 de septiembre de 2009.

[32] *Discurso al tercer grupo de obispos de Canadá...*

libertad. El hombre se transforma en esclavo de sus pasiones, caprichos o estados de ánimo, que terminan por generar angustia y desesperación.

> El ser humano se desarrolla cuando crece espiritualmente, cuando su alma se conoce a sí misma y la verdad que Dios ha impreso germinalmente en ella, cuando dialoga consigo mismo y con su Creador. Lejos de Dios, el hombre está inquieto y se hace frágil. La alienación social y psicológica, y las numerosas neurosis que caracterizan las sociedades opulentas, remiten también a este tipo de causas espirituales. Una sociedad del bienestar, materialmente desarrollada, pero que oprime el alma, no está en sí misma bien orientada hacia un auténtico desarrollo. Las nuevas formas de esclavitud, como la droga, y la desesperación en la que caen tantas personas, tienen una explicación no sólo sociológica o psicológica, sino esencialmente espiritual. El vacío en que el alma se siente abandonada, contando incluso con numerosas terapias para el cuerpo y para la psique, hace sufrir. No hay desarrollo pleno ni un bien común universal sin el bien espiritual y moral de las personas, consideradas en su totalidad de alma y cuerpo.[33]

Resuenan en este texto las famosas palabras de san Agustín: "Nos hiciste, Señor, para Ti. Y nuestro corazón está inquieto hasta que descanse en Ti".[34]

Para superar la dictadura del relativismo, como queda claro en los grandes discursos citados más arriba,

---

[33] *Caritas in veritate*, n. 76.

[34] San Agustín, *Confesiones*, I, 1, en http://www.augustinus.it/spagnolo/confessioni/conf_01_libro.htm

un elemento indispensable es el diálogo entre fe y razón. Podríamos establecer la tesis del Papa Ratzinger en los siguientes puntos: la fe y la razón se necesitan mutuamente. Una fe sin la luz de la razón corre el peligro de derivar en el fundamentalismo, o de recluirse en lo íntimo de la conciencia subjetiva, sin alcanzar la realidad. Una razón abocada exclusivamente a los resultados del método empírico-matemático no podrá dar respuestas a las preguntas sobre el sentido de la existencia humana, y se autoexcluye de los ámbitos éticos y religiosos, dejados a la consideración subjetivista del individuo. La armonía entre fe y razón podrá devolver al hombre su confianza en conocer la verdad sobre él mismo, sobre Dios y sobre el mundo. He aquí el principal antídoto contra el relativismo.

La sana laicidad

Benedicto XVI poseía una conciencia muy clara de la crisis cultural contemporánea. No se detuvo en un lamento estéril, sino que propuso la superación de la crisis, en plena coherencia con su lema episcopal: cooperar con la verdad, que establece la existencia de un Dios como Fundamento –un Dios que es Logos, Razón, y al mismo tiempo Amor, como recordará en su primera encíclica, *Deus caritas est*–; la condición creatural de la persona humana; y la capacidad de la razón –una razón ampliada, no la estrechez cientificista– para alcanzar verdades centrales de la naturaleza humana que puedan orientar las decisiones morales.

Estas verdades tendrán que plasmarse no sólo en la vida individual, sino en el ámbito social, político y económico. Esto nos lleva al segundo aspecto de su magisterio, que queremos subrayar como propuesta de solución al relativismo imperante: la sana laicidad.

Benedicto XVI observó con creciente preocupación las consecuencias deletéreas del relativismo en las instituciones y costumbres sociales: destrucción de la vida y de la familia; imposición del fundamentalismo laicista con la consecuente negación de la libertad religiosa; difusión de modelos de existencia y planes de educación signados por el hedonismo, el consumismo y el individualismo, etc. ¿Qué se puede hacer? ¿Tiene la Iglesia una voz autorizada para resolver la crisis?

Lo explicó el Santo Padre en su encíclica *Caritas in veritate*:

> La Iglesia no tiene soluciones técnicas que ofrecer y no pretende "de ninguna manera mezclarse en la política de los Estados". No obstante, tiene una misión de verdad que cumplir en todo tiempo y circunstancia en favor de una sociedad a medida del hombre, de su dignidad y de su vocación. Sin verdad se cae en una visión empirista y escéptica de la vida, incapaz de elevarse sobre la praxis, porque no está interesada en tomar en consideración los valores –a veces ni siquiera el significado– con los cuales juzgarla y orientarla. La fidelidad al hombre exige la fidelidad a la verdad, que es la única garantía de libertad (cf. Jn 8, 32) y de la posibilidad de un desarrollo humano integral. Por eso la Iglesia la busca, la anuncia incansablemente y la reconoce allí donde se manifieste. Para la Iglesia, esta misión de verdad es irrenunciable. Su doctrina social es una dimensión singular de este anuncio: está al servicio de la verdad que libera. Abierta a la verdad, de cualquier saber que provenga, la doctrina social de la Iglesia la acoge, recompone en unidad los

fragmentos en que a menudo la encuentra, y se hace su portadora en la vida concreta siempre nueva de la sociedad de los hombres y los pueblos.[35]

En esa misma encíclica, Benedicto XVI abordaba las relaciones entre orden social justo y doctrina social de la Iglesia. En plena sintonía con lo que hemos dicho anteriormente sobre la necesaria complementariedad de fe y razón, afirmaba que la fe

es una fuerza purificadora para la razón misma. A partir de la perspectiva de Dios, la libera de su ceguera y la ayuda así a ser mejor ella misma. La fe permite a la razón desempeñar del mejor modo su cometido y ver más claramente lo que le es propio. En este punto se sitúa la doctrina social católica: no pretende otorgar a la Iglesia un poder sobre el Estado. Tampoco quiere imponer a los que no comparten la fe sus propias perspectivas y modos de comportamiento. Desea simplemente contribuir a la purificación de la razón y aportar su propia ayuda para que lo que es justo, aquí y ahora, pueda ser reconocido y después puesto también en práctica.[36]

Cabe preguntarse si esta misión de la Iglesia no sería una invasión del campo político, dejado a la libre decisión de los hombres. La respuesta es negativa, pues la doctrina social de la Iglesia

argumenta desde la razón y el derecho natural, es decir, a partir de lo que es conforme a la naturaleza

---

[35] *Caritas in veritate*, n. 9.
[36] *Deus caritas est*, n. 29.

de todo ser humano. Y sabe que no es tarea de la Iglesia el que ella misma haga valer políticamente esta doctrina: quiere servir a la formación de las conciencias en la política [...]. La construcción de un orden social y estatal justo [...] es una tarea fundamental que debe afrontar cada generación. Tratándose de un quehacer político, esto no puede ser un cometido inmediato de la Iglesia. Pero, como al mismo tiempo es una tarea humana primaria, la Iglesia tiene el deber de ofrecer, mediante la purificación de la razón y la formación ética, su contribución específica, para que las exigencias de la justicia sean comprensibles y políticamente realizables.[37]

En un brillante resumen de un asunto para nada sencillo, la *Deus caritas est* afirmaba que

es propio de la estructura fundamental del cristianismo la distinción entre lo que es del César y lo que es de Dios (cfr. Mt 22, 21), esto es, entre Estado e Iglesia o, como dice el Concilio Vaticano II, el reconocimiento de la autonomía de las realidades temporales. El Estado no puede imponer la religión, pero tiene que garantizar su libertad y la paz entre los seguidores de las diversas religiones; la Iglesia, como expresión social de la fe cristiana, por su parte, tiene su independencia y vive su forma comunitaria basada en la fe, que el Estado debe respetar. Son dos esferas distintas, pero siempre en relación recíproca.[38]

Las relaciones entre Iglesia y Estado, o más ampliamente, entre religión y política, han pasado por

---

[37] *Ibid.*

[38] *Ibid.*, n. 28.

distintas fases. Las dos posturas extremas serían el clericalismo y el laicismo. El clericalismo consiste en la confusión entre el orden natural y el sobrenatural, que considera que es la jerarquía eclesiástica la encargada de regir los destinos de la sociedad política, negando la legítima autonomía de las realidades temporales. El laicismo, por su parte, tiene la pretensión de considerar que la política y las cuestiones sociales gozan de una autonomía absoluta, y que la religión debe quedar en el ámbito de la conciencia individual, sin tener una manifestación pública. Ninguna de estas dos posturas respeta el mandato del Señor: "Dad al César lo que es del César, y a Dios lo que es de Dios", y por lo tanto desconocen la estructura fundamental del cristianismo. La propuesta de Benedicto XVI, de raíz evangélica, proclamada por el Concilio Vaticano II y difundida por Juan Pablo II, es la sana laicidad, alejada tanto del clericalismo como del laicismo. En la *Nota doctrinal* de 2003, analizada en las páginas anteriores, se le definía como autonomía de la esfera civil y política de la esfera religiosa y eclesiástica –nunca de la esfera moral–, y se le consideraba un valor adquirido y reconocido por la Iglesia, perteneciente al patrimonio de la civilización.

Una comunidad política basada en la sana laicidad se caracteriza por un conjunto de instituciones que reflejan la verdad sobre el hombre, alcanzable por el uso de la razón natural, o, con otras palabras, manifiestan los contenidos inmutables de la ley natural. Será una sociedad pluralista, donde lo contingente es dejado a la libre discusión de los hombres, y lo necesario –la defensa de los valores objetivos propios de la dignidad de la persona humana– se apoya en un amplio consenso, facilitado por una razón "ampliada" o "ensanchada". No es un experimento confesional, clerical, nostálgico de tiempos pasados que muchos añoran con ingenuidad, sino el fruto maduro de la toma de conciencia de la autonomía relativa de lo temporal y de la necesaria apertura mutua entre razón y fe.

Por otro lado, la coincidencia entre las verdades de orden natural y las de la revelación cristiana evidencian el carácter razonable del cristianismo, y la participación de la razón natural con el Logos o Razón divina, como se estableció páginas atrás.

El origen cristiano y natural de la laicidad fue subrayado frecuentemente por el Santo Padre. El 18 de octubre de 2005 envió un mensaje al Parlamento italiano en ocasión del tercer aniversario de la visita de Juan Pablo II a Montecitorio, sede de dicha asamblea. Allí decía que la legítima laicidad del Estado "no está en contraste con el mensaje cristiano, sino que más bien tiene una deuda con él, como saben bien los estudiosos de la historia de la civilización".[39]

Al año siguiente, el 18 de mayo, en el discurso a los miembros de la Conferencia episcopal italiana, Benedicto XVI, citando la encíclica *Deus caritas est*, afirmaba que

> es propia de la estructura fundamental del cristianismo la distinción entre lo que es del César y lo que es de Dios (cf. Mt 22, 21), es decir, entre el Estado y la Iglesia, o sea, la autonomía de las realidades temporales, como subrayó el concilio Vaticano II en la *Gaudium et spes*. La Iglesia no sólo reconoce y respeta esta distinción y autonomía, sino que también se alegra de ella, porque constituye un gran progreso

---

[39] *Mensaje con ocasión del tercer aniversario de la histórica visita del Papa Juan Pablo II al Parlamento italiano.* 18 de octubre de 2005.

de la humanidad y una condición fundamental para su misma libertad y el cumplimiento de su misión universal de salvación entre todos los pueblos.[40]

En el discurso a la curia romana en 2005 –que analizaremos más adelante–, Benedicto XVI presentaba el modelo americano como alternativa válida al laicismo que surge de la Revolución francesa. Con ocasión del viaje pastoral a Estados Unidos, en el mes de abril de 2008, el Papa volvió a poner dicho modelo como ejemplo de sana laicidad. Ya de regreso a Roma, el Santo Padre hizo un resumen de su viaje. En la audiencia general del 30 de abril rindió homenaje "a ese gran país, que desde los inicios se edificó sobre la base de una feliz conjugación entre principios religiosos, éticos y políticos, que sigue siendo un ejemplo válido de sana laicidad, donde la dimensión religiosa en la diversidad de sus expresiones, no sólo se tolera, sino que también se valora como 'alma' de la nación y garantía fundamental de los derechos y deberes del hombre".[41]

Un testimonio muy explícito de la apreciación positiva de la laicidad americana es la respuesta que da el Papa a la pregunta de un periodista en la conferencia de prensa que tuvo lugar en el viaje de ida a Washington. En esa oportunidad, de una manera espontánea, Benedicto XVI dijo:

> Lo que me encanta de Estados Unidos es que comenzó con un concepto positivo de la laicidad, porque este nuevo pueblo estaba compuesto de comunidades y personas que habían huido de las Iglesias de

---

[40] *Discurso a los miembros de la Conferencia episcopal italiana.* 18 de mayo de 2006.

[41] *Audiencia general.* 30 de abril de 2008.

Estado y querían tener un Estado laico, secular, que abriera posibilidades a todas las confesiones, a todas las formas de ejercicio religioso. Así nació un Estado voluntariamente laico: eran contrarios a una Iglesia de Estado. Pero el Estado debía ser laico precisamente por amor a la religión en su autenticidad, que sólo se puede vivir libremente.[42]

A continuación, el Papa citó a Alexis de Tocqueville, quien desde una perspectiva europea quedó gratamente sorprendido al ver cómo las instituciones laicas en los Estados Unidos vivían de un consenso moral que de hecho existía entre los ciudadanos. En ese mismo viaje, Benedicto XVI se refirió nuevamente al sociólogo e historiador francés. En el encuentro con los representantes de otras religiones, el 17 de abril, dijo que

> los americanos han apreciado siempre la posibilidad de dar culto libremente y de acuerdo con su conciencia. Alexis de Tocqueville, historiador francés y observador de las realidades americanas, estaba fascinado por este aspecto de la Nación. Subrayó que éste es un país en el que la religión y la libertad están "íntimamente vinculadas" en la contribución a una democracia que favorezca las virtudes sociales y la participación en la vida comunitaria de todos sus ciudadanos.[43]

No ignoraba el Papa las lacras del relativismo presentes en la sociedad americana, pero no por ello

---

[42] *Conferencia de prensa durante el vuelo hacia Washington.* 15 de abril de 2008.

[43] *Discurso del Santo Padre en el encuentro con los representantes de otras religiones.* Washington. 17 de abril de 2008.

dejó de apreciar tantos elementos positivos del modelo político de los Estados Unidos.

Una vez establecido en qué consiste la sana laicidad, debemos preguntarnos sobre cuáles son los valores naturales que pueden servir de base para un orden social justo. Como ya hemos señalado, estos valores deben ser alcanzables por la razón natural. En el discurso a la IV Asamblea Eclesial Nacional Italiana, Benedicto XVI volvía a insistir sobre uno de los puntos clave de su pontificado: la necesidad de ensanchar la razón, también para que sirva de base a la construcción de una sociedad justa:

> La reflexión sobre el desarrollo de las ciencias nos remite al Logos creador [...]. Sobre estas bases resulta de nuevo posible ensanchar los espacios de nuestra racionalidad, volver a abrirla a las grandes cuestiones de la verdad y del bien, conjugar entre sí la teología, la filosofía y las ciencias, respetando plenamente sus métodos propios y su recíproca autonomía, pero siendo también conscientes de su unidad intrínseca. Se trata de una tarea que tenemos por delante, una aventura fascinante en la que vale la pena embarcarse, para dar nuevo impulso a la cultura de nuestro tiempo y para hacer que en ella la fe cristiana tenga de nuevo plena ciudadanía.[44]

Esta colaboración entre la fe y la razón traerá muchas consecuencias para la doctrina social, pues "la fe cristiana purifica la razón y le ayuda a ser lo que debe ser. Por consiguiente, con su doctrina social,

---

[44] *Discurso a la IV Asamblea Eclesial Nacional Italiana.* Verona, 19 de octubre de 2006.

argumentada a partir de lo que está de acuerdo con la naturaleza de todo ser humano, la Iglesia contribuye a hacer que se pueda reconocer eficazmente, y luego realizar, lo que es justo".[45] Con una razón confiada en poder conocer la naturaleza humana, es posible establecer una serie de principios naturales, en los que se manifiesta la dignidad de la persona, y con los que no se puede negociar, pues se pondría en jaque tal dignidad. En un importante discurso a los miembros del Partido Popular Europeo, el Santo Padre destacó algunos de estos principios: la protección de la vida desde el momento de la concepción hasta la muerte natural; el reconocimiento y promoción de la estructura natural de la familia, como unión de hombre y mujer basada en el matrimonio; y la protección del derecho de los padres a educar a sus hijos. En otras intervenciones añadió la defensa de la libertad religiosa. Comentaba Benedicto XVI:

> Estos principios no son verdades de fe, aunque reciban de la fe una nueva luz y confirmación. Están inscritos en la misma naturaleza humana y, por tanto, son comunes a toda la humanidad. La acción de la Iglesia en su promoción no es, pues, de carácter confesional, sino que se dirige a todas las personas, prescindiendo de su afiliación religiosa. Al contrario, esta acción es tanto más necesaria cuanto más se niegan o tergiversan estos principios, porque eso constituye una ofensa contra la verdad de la persona humana, una grave herida causada a la justicia misma.[46]

---

[45] *Ibid.*

[46] *Discurso a los participantes de unas jornadas de estudio sobre Europa organizadas por el Partido Popular Europeo.* 30 de marzo de 2006.

Si el Santo Padre habla de "principios no negociables", se supone que existen muchas realidades contingentes, opinables, que sí son materia de negociación. El cristiano –y todo ciudadano responsable y de buena voluntad– goza de una total autonomía para intervenir en el debate público en todos estos temas opinables o técnicos. A su vez, su conciencia, iluminada por la razón natural –y en el caso de los cristianos, también por la fe–, le llevará a ser coherente en la defensa de los principios que no son relativos o materia de negociación política, sino definitivos para la salvaguardia de la dignidad de la persona humana y para la construcción de una sociedad justa.

Las certezas que alcanza la razón ampliada sobre la dignidad de la naturaleza humana y sus consecuencias sociales y políticas deben encarnarse en las instituciones y en las costumbres de una comunidad. ¿Cuál es el método para que dichas certezas se encarnen? En primer lugar, hay que descartar todo método contrario a la dignidad de la persona humana. Por lo tanto, la violencia ha de ser desechada. En una sociedad democrática, la única vía posible está fincada en el diálogo racional y la participación ciudadana.

La capacidad de diálogo es una de las consecuencias de nuestra naturaleza racional, imagen del Logos o Razón Divina. Es cada vez más urgente promover un cambio cultural, que facilite el diálogo. De ahí que Benedicto XVI subrayara la importancia de ampliar la razón, superando el prejuicio cientificista de considerar que los argumentos éticos y políticos son meramente subjetivos. Esto implica la búsqueda de la unidad del saber, que integre teología, filosofía y ciencias experimentales, como señaló el Papa repetidas veces. En este ámbito, los intelectuales cristianos y todos aquellos que comparten una visión trascendente de la persona humana poseen un papel insustituible para facilitar el cambio cultural.

Al mismo tiempo, los ciudadanos conscientes de su obligación moral de que se respete la dignidad de la persona en su integridad deben abandonar una actitud pasiva y actuar públicamente, con respeto a las opiniones de los demás, pero sin timideces ni complejos. El amplio mundo de la opinión pública, el mundo de la política, las organizaciones no gubernamentales, etc., son los ámbitos propios para que los cristianos coherentes y todo hombre de buena voluntad manifieste sus puntos de vista, forme consensos en torno a los valores no negociables, y logre los cambios institucionales convenientes –dentro del marco de las instituciones democráticas– para que no sólo se defienda, sino que se promueva la dignidad de la persona humana.

En esta tarea apasionante –aventura fascinante, la llamó el Papa Benedicto XVI–, y ya refiriéndonos en concreto a los cristianos, son distintas las funciones de la jerarquía eclesiástica y las de los fieles laicos. La jerarquía no se cansará de proclamar la verdad sobre el hombre, pero no descenderá a soluciones técnicas o a posturas partidistas. A los laicos les corresponde ordenar e iluminar todos los asuntos temporales para que en ellos reinen la ley de Dios y el espíritu de Cristo. En el discurso de apertura de la V Conferencia General del Episcopado Latinoamericano, en Aparecida (Brasil), el 13 de mayo de 2007, Benedicto XVI animaba a forjar las instituciones políticas y sociales del subcontinente de acuerdo con la sana laicidad. Teniendo en cuenta la historia de la Iglesia en Latinoamérica en los últimos decenios, afirmaba:

El respeto de una sana laicidad –incluso con la pluralidad de las posiciones políticas– es esencial en la tradición cristiana. Si la Iglesia comenzara a transformarse directamente en sujeto político, no haría más por los pobres y por la justicia, sino que haría menos, porque perdería su independencia y su autoridad moral, identificándose con una única vía política y con posiciones parciales opinables. La Iglesia es abogada de la justicia y de los pobres precisamente al no identificarse con los políticos ni con los intereses de partido. Sólo siendo independiente puede enseñar los grandes criterios y los valores inderogables, orientar las conciencias y ofrecer una opción de vida que va más allá del ámbito político. Formar las conciencias, ser abogada de la justicia y de la verdad, educar en las virtudes individuales y políticas, es la vocación fundamental de la Iglesia en este sector.[47]

A su vez, recordaba las obligaciones morales de los laicos:

Y los laicos católicos deben ser conscientes de su responsabilidad en la vida pública; deben estar presentes en la formación de los consensos necesarios y en la oposición contra las injusticias [...]. Por tratarse de un continente de bautizados, conviene colmar la notable ausencia, en el ámbito político, comunicativo y universitario, de voces e iniciativas de líderes católicos de fuerte personalidad y de vocación abnegada, que sean coherentes con sus convicciones éticas y religiosas. Los movimientos eclesiales tienen aquí un

---

[47] *Discurso de apertura de la V Conferencia General del Episcopado Latinoamericano.* Aparecida, Brasil, 13 de mayo de 2007.

amplio campo para recordar a los laicos su responsabilidad y su misión de llevar la luz del Evangelio a la vida pública, cultural, económica y política.[48]

En su visita a Escocia animaba a los fieles a participar activamente en la vida pública. En el Bellahouston Park de Glasgow, afirmaba:

La evangelización de la cultura es de especial importancia en nuestro tiempo, cuando la "dictadura del relativismo" amenaza con oscurecer la verdad inmutable sobre la naturaleza del hombre, sobre su destino y su bien último. Hoy en día, algunos buscan excluir de la esfera pública las creencias religiosas, relegarlas a lo privado, objetando que son una amenaza para la igualdad y la libertad. Sin embargo, la religión es en realidad garantía de auténtica libertad y respeto, que nos mueve a ver a cada persona como un hermano o hermana. Por este motivo, os invito particularmente a vosotros, fieles laicos, en virtud de vuestra vocación y misión bautismal, a ser no sólo ejemplo de fe en público, sino también a plantear en el foro público los argumentos promovidos por la sabiduría y la visión de la fe. La sociedad actual necesita voces claras que propongan nuestro derecho a vivir, no en una selva de libertades autodestructivas y arbitrarias, sino en una sociedad que trabaje por el verdadero bienestar de sus ciudadanos y les ofrezca guía y protección en su debilidad y fragilidad. No tengáis miedo de ofrecer este servicio a vuestros hermanos y hermanas, y al futuro de vuestra amada nación.[49]

---

[48] *Ibid.*
[49] *Homilía en Bellahouston Park (Glasgow).* 16 de septiembre de 2010.

Según Benedicto XVI, el diálogo racional y la participación en la vida pública para formar consensos en torno a la verdad sobre el hombre forman parte del método para operar el cambio cultural necesario y superar la crisis relativista. Método que sólo será eficaz si va precedido, acompañado y seguido del testimonio de vida íntegra de los que compartimos una visión trascendente –y para muchos, cristiana– de la vida. El respeto al otro, el espíritu de servicio y la sonrisa amable podrán hacer posible un diálogo fecundo.

Libertad religiosa, laicismo y fundamentalismo

En las páginas anteriores se han hecho múltiples referencias al tema de la religión en una cultura relativista. Algunos consideran que las tradiciones religiosas han sido un factor de odio y violencia, pues han querido imponer unas verdades dogmáticas a la fuerza. Otros piensan que la misma pretensión de una religión de presentarse como portadora de verdad es motivo de alarma para la convivencia democrática. No faltan quienes aplican los dogmas relativistas al ámbito de las religiones, y afirman que todas las religiones poseen el mismo valor. Una sociedad inspirada en los principios de la sana laicidad tendrá como valor fundante la libertad religiosa.

En una entrevista realizada antes de su elección como romano pontífice, el cardenal Ratzinger respondía con cuatro palabras a la pregunta sobre qué era para él la laicidad: la libertad de religión.[50] Benedicto XVI se

---

[50] Entrevista al cardenal Ratzinger, *La Repubblica* (Roma), 19 de noviembre de 2004.

refirió innumerables veces a esta libertad. En el Mensaje para la Jornada Mundial de la Paz de 2011, bajo el título *La libertad religiosa, camino para la paz*, el Papa hizo una síntesis de las principales características de este derecho humano fundamental. En primer lugar,

> el derecho a la libertad religiosa se funda en la misma dignidad de la persona humana, cuya naturaleza trascendente no se puede ignorar o descuidar. Dios creó al hombre y a la mujer a su imagen y semejanza (cf. Gn 1, 27). Por eso, toda persona es titular del derecho sagrado a una vida íntegra, también desde el punto de vista espiritual. Si no se reconoce su propio ser espiritual, sin la apertura a la trascendencia, la persona humana se repliega sobre sí misma, no logra encontrar respuestas a los interrogantes de su corazón sobre el sentido de la vida, ni conquistar valores y principios éticos duraderos, y tampoco consigue siquiera experimentar una auténtica libertad y desarrollar una sociedad justa.[51]

En segundo lugar, la libertad religiosa está en el origen de la libertad moral. "En efecto, la apertura a la verdad y al bien, la apertura a Dios, enraizada en la naturaleza humana, confiere a cada hombre plena dignidad, y es garantía del respeto pleno y recíproco entre las personas". Dando un paso más respecto a la declaración *Dignitatis humanae* del Concilio Vaticano II, Benedicto XVI afirmó que "la libertad religiosa se ha de entender no sólo como ausencia de coacción, sino antes aún como capacidad de ordenar las propias opciones según la verdad".[52]

---

[51] *Mensaje para la Jornada Mundial de la Paz de 2011*, n. 2.
[52] *Ibid.*, n. 3.

Reafirmando cuanto dijo en el discurso a la curia romana en el año 2005, el Papa sostuvo en 2011 que

> la libertad religiosa significa también, en este sentido, una conquista de progreso político y jurídico. Es un bien esencial: toda persona ha de poder ejercer libremente el derecho a profesar y manifestar, individualmente o comunitariamente, la propia religión o fe, tanto en público como en privado, por la enseñanza, la práctica, las publicaciones, el culto o la observancia de los ritos. No debería haber obstáculos si quisiera adherirse eventualmente a otra religión, o no profesar ninguna. En este ámbito, el ordenamiento internacional resulta emblemático y es una referencia esencial para los Estados, ya que no consiente ninguna derogación de la libertad religiosa, salvo la legítima exigencia del justo orden público. El ordenamiento internacional, por tanto, reconoce a los derechos de naturaleza religiosa el mismo status que el derecho a la vida y a la libertad personal, como prueba de su pertenencia al núcleo esencial de los derechos del hombre, de los derechos universales y naturales que la ley humana jamás puede negar.[53]

La Iglesia ofrece la verdad revelada con espíritu de servicio y sin deseos de imponerla por la fuerza, a la vez que exige a las autoridades civiles que garanticen a todos los ciudadanos, católicos o no, su irrestricto derecho a manifestar las propias convicciones religiosas. En el discurso al embajador de México ante la Santa Sede –país que ha sufrido en el pasado por décadas enteras de serias limitaciones a la libertad religiosa–, Benedicto XVI afirmaba con claridad:

---

[53] *Ibid.*, n. 5.

La libertad religiosa no es un derecho más, ni tampoco un privilegio que la Iglesia católica reclama. Es la roca firme donde los derechos humanos se asientan sólidamente, ya que dicha libertad manifiesta de modo particular la dimensión trascendente de la persona humana y la absoluta inviolabilidad de su dignidad. Por ello, la libertad religiosa pertenece a lo más esencial de cada persona, de cada pueblo y nación. El significado medular de la misma no consiente limitarla a una mera convivencia de ciudadanos que practican privadamente su religión, o restringirla al libre ejercicio del culto, sino que se ha de asegurar a los creyentes la plena garantía de manifestar públicamente su religión, ofreciendo también su aportación a la edificación del bien común y del recto orden social en cualquier ámbito de la vida, sin ningún tipo de restricción o coacción.[54]

La libertad religiosa, garantizada por la laicidad bien entendida, es negada por dos posturas aparentemente opuestas, pero que en realidad coinciden en sus planteamientos cerrados: el laicismo y el fundamentalismo. La primera postura niega a la religión cualquier función en la vida pública: el fenómeno religioso debe ser algo privado, intimista, de conciencia, o a lo sumo, reservado a los templos y a las sacristías; el Estado ha de ser neutro en materia religiosa, pero no se trata de una neutralidad imparcial, en el sentido de que el Estado no adopta un carácter confesional pero sí reconoce la legitimidad de la presencia pública de las religiones, facilita su práctica y promueve la concordia de todos; no:

---

[54] *Discurso al Sr. Héctor Federico Altamirano, embajador de México ante la Santa Sede.* 10 de julio de 2009.

la supuesta neutralidad laicista consiste en ignorar esta dimensión fundamental de la persona humana, como es la dimensión religiosa, echándola de la vida pública, erigiéndose así en un régimen "confesional": aquel que promueve el fundamentalismo laicista. Hoy puede hablarse de países "confesionalmente" laicistas.

Ya hemos hecho referencia al tema del fundamentalismo, que partiendo de un fideísmo ayuno de racionalidad pretende imponer verdades de fe sin respetar la libertad de cada persona para buscar libremente la verdad y adherirse a ella. En su encíclica *Caritas in veritate*, Benedicto XVI presentaba las limitaciones tanto del laicismo como del fundamentalismo:

> La religión cristiana y las otras religiones pueden contribuir al desarrollo solamente si Dios tiene un lugar en la esfera pública, con específica referencia a la dimensión cultural, social, económica y, en particular, política. La doctrina social de la Iglesia ha nacido para reivindicar esa "carta de ciudadanía" de la religión cristiana. La negación del derecho a profesar públicamente la propia religión y a trabajar para que las verdades de la fe inspiren también la vida pública, tiene consecuencias negativas sobre el verdadero desarrollo. La exclusión de la religión del ámbito público, así como el fundamentalismo religioso por otro lado, impiden el encuentro entre las personas y su colaboración para el progreso de la humanidad. La vida pública se empobrece de motivaciones y la política adquiere un aspecto opresor y agresivo. Se corre el riesgo de que no se respeten los derechos humanos, bien porque se les priva de su fundamento trascendente, bien porque no se reconoce la libertad personal. En el laicismo y en el fundamentalismo se

pierde la posibilidad de un diálogo fecundo y de una provechosa colaboración entre la razón y la fe religiosa. La razón necesita siempre ser purificada por la fe, y esto vale también para la razón política, que no debe creerse omnipotente. A su vez, la religión tiene siempre necesidad de ser purificada por la razón para mostrar su auténtico rostro humano. La ruptura de este diálogo comporta un coste muy gravoso para el desarrollo de la humanidad.[55]

Aunque Benedicto XVI no dejó de advertir signos de laicismo en la sociedad de los Estados Unidos, consideraba que es en Europa donde se corren mayores riesgos de relegar la religión a confines meramente privados. El 30 de marzo de 2006, en su discurso a parlamentarios europeos de inspiración cristiana, el Papa se complacía con el reconocimiento que hacían esos parlamentarios de las raíces cristianas de Europa. Y añadía:

Vuestro apoyo a la herencia cristiana puede contribuir significativamente a vencer la cultura, tan difundida en Europa, que relega a la esfera privada y subjetiva la manifestación de las propias convicciones religiosas. Las políticas elaboradas partiendo de esta base no sólo implican el rechazo del papel público del cristianismo; más generalmente, excluyen el compromiso con la tradición religiosa de Europa, que es muy clara, a pesar de las diversas confesiones, amenazando así la democracia misma, cuya fuerza depende de los valores que promueve (cf. *Evangelium vitae*, 70). Dado que esta tradición, precisamente en lo que puede llamarse su unidad polifónica,

---

[55] *Caritas in veritate*, n. 56.

transmite valores que son fundamentales para el bien de la sociedad, la Unión europea no puede por menos de enriquecerse al comprometerse con ella. Sería un signo de inmadurez, o incluso de debilidad, optar por oponerse a ella o ignorarla, en vez de dialogar con ella. En este contexto, es preciso reconocer que cierta intransigencia secular es enemiga de la tolerancia y de una sana visión secular del Estado y de la sociedad.[56]

Para el Papa, el laicismo no resolvía los problemas de convivencia en una sociedad. Refiriéndose a la inspiración de la constitución francesa en la Turquía moderna, y por lo tanto a la debatida relación entre Turquía y Europa, Benedicto XVI señalaba como elemento clave un sano concepto de laicidad: "En Europa se debate sobre la laicidad 'sana' y el laicismo. Y me parece que esto es importante también para el verdadero diálogo con Turquía. El laicismo, es decir, una idea que separa totalmente la vida pública del valor de las tradiciones, es un callejón sin salida. Debemos volver a definir el sentido de una laicidad que subraya y conserva la verdadera diferencia y autonomía entre las dos esferas, pero también su coexistencia, su responsabilidad común".[57]

El Papa no dudó en tachar de totalitaria una sociedad que no reconoce en toda su plenitud la libertad religiosa.

El ordenamiento jurídico en todos los niveles, nacional e internacional, cuando consiente o tolera el

---

[56] *Discurso a los participantes de unas jornadas de estudio sobre Europa organizadas por el Partido Popular Europeo,* 30 de marzo de 2006.

[57] *Encuentro con los periodistas antes del despegue del viaje apostólico a Turquía,* 28 de noviembre de 2006.

fanatismo religioso o antirreligioso, no cumple con su misión, que consiste en la tutela y promoción de la justicia y el derecho de cada uno. Est[os] últim[os] no pueden quedar al arbitrio del legislador o de la mayoría porque, como ya enseñaba Cicerón, la justicia consiste en algo más que un mero acto productor de la ley y su aplicación. Implica el reconocimiento de la dignidad de cada uno, la cual, sin libertad religiosa garantizada y vivida en su esencia, resulta mutilada y vejada, expuesta al peligro de caer en el predominio de los ídolos, de bienes relativos transformados en absolutos. Todo esto expone a la sociedad al riesgo de totalitarismos políticos e ideológicos, que enfatizan el poder público, mientras se menoscaba y coarta la libertad de conciencia, de pensamiento y de religión, como si fueran rivales.[58]

Iglesia y la Modernidad

Para completar esta visión de conjunto del pontificado de Benedicto XVI, nos vamos a referir ahora a la lectura que realiza de las interpretaciones que se han dado del Concilio Vaticano II. Es una buena forma de finalizar este libro, pues esta temática une vitalmente al profesor Ratzinger –que se quejaba tempranamente de las interpretaciones falseadas del Concilio– y al Papa Benedicto –que enfrenta el mismo problema con la ponderación y madurez de su experiencia personal y eclesial.

En el discurso pronunciado a la curia romana en diciembre de 2005 –es decir, en el primer año de su pontificado– tomó ocasión del cuadragésimo aniversario de

---

[58] *Mensaje para la Jornada Mundial de la Paz de 2011*, n. 8.

la clausura del Concilio para abordar una temática delicada: ¿cómo fueron recibidas las enseñanzas del Vaticano II en las últimas décadas? Según el Papa, se puede hablar fundamentalmente de dos líneas de interpretación o hermenéuticas:

> Por una parte existe una interpretación que podría llamar "hermenéutica de la discontinuidad y de la ruptura"; a menudo ha contado con la simpatía de los medios de comunicación y también de una parte de la teología moderna. Por otra parte, está la "hermenéutica de la reforma", de la renovación dentro de la continuidad del único sujeto-Iglesia, que el Señor nos ha dado; es un sujeto que crece en el tiempo y se desarrolla, pero permaneciendo siempre el mismo, único sujeto del pueblo de Dios en camino.[59]

Benedicto XVI consideró que la primera hermenéutica llevaba a una ruptura entre la Iglesia de antes y de después del Concilio, y estableció una distancia entre los textos magisteriales y el "espíritu" del Concilio, que es el que tendría que llevarse hasta las últimas consecuencias. Esta interpretación ha sembrado confusión y ha cosechado esterilidad. Por otro lado, no hay forma de establecer el auténtico "espíritu" del Concilio sin recurrir a los textos que fueron aprobados por amplia mayoría y que obtuvieron la aprobación pontificia.

Dejando de lado la hermenéutica de la discontinuidad y de la ruptura, el Papa presenta la hermenéutica de la reforma. Basándose en el discurso de apertura de Juan XXIII y en el de clausura de Pablo VI, Ratzinger

---

[59] *Discurso a los cardenales, arzobispos, obispos y prelados superiores de la curia romana,* 22 de diciembre de 2005.

consideró que se llegaba a una formulación exigente de las verdades de fe en el contexto contemporáneo, "como es exigente la síntesis de fidelidad y dinamismo". Se trató de volver a proponer la fe de siempre, en una forma comprensible para las categorías del mundo contemporáneo.

Aunque Benedicto XVI defendió sin medias tintas esta segunda hermenéutica, entendía que aparentemente podía parecer convincente una hermenéutica de la ruptura teniendo en cuenta que el Concilio Vaticano II quería determinar en un modo nuevo la relación entre la Iglesia y la Modernidad.

El Papa Ratzinger colocó el inicio problemático de esta relación en el proceso a Galileo. Problematicidad que crece con el racionalismo kantiano y la Revolución francesa, en donde "se difundió una imagen del Estado y del hombre que prácticamente no quería conceder espacio alguno a la Iglesia y a la fe".[60] La reacción del magisterio de la Iglesia, sobre todo bajo el pontificado del beato Pío IX, fue de una condena áspera y radical a estos aspectos de la Modernidad, identificables con el laicismo. Sin embargo, la edad moderna fue evolucionando. No sólo se presentaba el modelo laicista francés, sino que la revolución americana ofrecía un modelo de Estado y de sociedad abierto a la trascendencia y a los valores religiosos. Más adelante, en el siglo xx, "hombres de Estado católicos habían demostrado que puede existir un Estado moderno laico, que no es neutro con respecto a los valores, sino que vive tomando de las grandes fuentes éticas abiertas por el cristianismo".[61]

---

[60] *Ibid.*
[61] *Ibid.*

La dialéctica entre la hermenéutica de ruptura y de reforma del Concilio Vaticano II respecto a la relación con el mundo contemporáneo se debe superar distinguiendo entre principios permanentes y cosas contingentes. Los principios de los que se sirvió Pío IX para condenar la cerrazón a la trascendencia, propia de algunas corrientes de pensamiento modernas, siguen siendo válidas para el hombre de hoy. Por el contrario, las formas concretas en que se encarnan dichas corrientes dependen de la situación histórica y son de por sí mudables. "Así, las decisiones de fondo pueden seguir siendo válidas, mientras que las formas de su aplicación a contextos nuevos pueden cambiar".[62] El Papa se refirió en concreto a un *punctum dolens* de la relación entre Iglesia y Modernidad: la libertad de religión. Si la libertad religiosa se considera como la expresión de la incapacidad del hombre de conocer la verdad, transformándose en la canonización del relativismo, es un elemento incompatible con el cristianismo, y por lo tanto condenable tanto en el siglo xix como el día de hoy. "Por el contrario, algo totalmente diferente es considerar la libertad de religión como una necesidad que deriva de la convivencia humana, más aún, como una consecuencia intrínseca de la verdad que no se puede imponer desde fuera, sino que el hombre la debe hacer suya sólo mediante un proceso de convicción".[63] El Concilio Vaticano II asume este principio esencial del Estado moderno. Haciendo esto, "recogió de nuevo el patrimonio más profundo de la Iglesia. Ésta puede ser consciente de que con ello se encuentra en plena sintonía con la enseñanza de Jesús mismo (cf. Mt 22, 21), así como con

---

[62]   *Ibid.*
[63]   *Ibid.*

la Iglesia de los mártires, con los mártires de todos los tiempos".[64] Con la afirmación de la libertad religiosa no ha habido ninguna ruptura, sino profundización dinámica de la tradición.

Según Benedicto XVI, la nueva definición de la relación entre la fe de la Iglesia y ciertos elementos esenciales del pensamiento moderno –laicidad del Estado y libertad religiosa entre otros– "revisó e incluso corrigió algunas decisiones históricas", manteniéndose fiel a los principios. La laicidad no es una invención del pensamiento liberal decimonónico, sino que ya se encontraba en el Evangelio. Las confusiones institucionales que se dieron a lo largo de los siglos opacaron esta realidad. El Concilio y el magisterio de la Iglesia contemporáneos, en circunstancias históricas distintas a las del medievo y a las de las monarquías absolutas, recogen nuevamente estas dimensiones de la doctrina social y política, de raigambre evangélica, pero no exclusivamente confesional, pues a su vez están fundamentadas en una antropología natural integral.

Con los párrafos finales del discurso, clarividentes, terminamos nuestra exposición sobre el magisterio de este pontificado cronológicamente breve, que deja una densidad doctrinal que habrá que asimilar en los próximos años:

> Quienes esperaban que con este "sí" fundamental a la edad moderna todas las tensiones desaparecerían y la "apertura al mundo" así realizada lo transformaría todo en pura armonía, habían subestimado las tensiones interiores y también las contradicciones de la misma edad moderna; habían subestimado la peligrosa fragilidad de la naturaleza humana,

---

[64] *Ibid.*

que en todos los periodos de la historia y en toda situación histórica es una amenaza para el camino del hombre.[65]

Estos peligros, con las nuevas posibilidades y con el nuevo poder del hombre sobre la materia y sobre sí mismo, no han desaparecido; al contrario, asumen nuevas dimensiones: una mirada a la historia actual lo demuestra claramente. También en nuestro tiempo la Iglesia sigue siendo un "signo de contradicción" (Lc 2, 34). No sin motivo el Papa Juan Pablo II, siendo aún cardenal, puso este título a los ejercicios espirituales que predicó en 1976 al Papa Pablo VI y a la curia romana.

El Concilio no podía tener la intención de abolir esta contradicción del Evangelio con respecto a los peligros y los errores del hombre. En cambio, no cabe duda de que quería eliminar contradicciones erróneas o superfluas, para presentar al mundo actual la exigencia del Evangelio en toda su grandeza y pureza. El paso dado por el Concilio hacia la edad moderna, que de un modo muy impreciso se ha presentado como "apertura al mundo", pertenece en último término al problema perenne de la relación entre la fe y la razón, que se vuelve a presentar de formas siempre nuevas. [...]. La ardua disputa entre la razón moderna y la fe cristiana que, en un primer momento, con el proceso a Galileo, había comenzado de modo negativo, ciertamente atravesó muchas fases, pero con el Concilio Vaticano II llegó la hora en que se requería una profunda reflexión. Desde luego, en los textos conciliares su contenido sólo está trazado en grandes líneas, pero así se determinó la dirección esencial, de forma que el diálogo

---

[65] *Ibid.*

entre la razón y la fe, hoy particularmente importante, ha encontrado su orientación sobre la base del Vaticano II.

Ahora, este diálogo se debe desarrollar con gran apertura mental, pero también con la claridad en el discernimiento de espíritus que el mundo, con razón, espera de nosotros precisamente en este momento. Así hoy podemos volver con gratitud nuestra mirada al Concilio Vaticano II: si lo leemos y acogemos guiados por una hermenéutica correcta, puede ser y llegar a ser cada vez más una gran fuerza para la renovación siempre necesaria de la Iglesia.[66]

---

[66] Sobre las interpretaciones del Concilio, cfr. A. Marchetto, *Il Concilio Vaticano II. Per la sua corretta ermeneutica*, Librería Editrice Vaticana, Roma, 2012.

Epílogo:
el Papa emérito

La renuncia

El 11 de febrero de 2013 Benedicto XVI, reunido con los cardenales presentes en ese momento en Roma, al final de un discurso que parecía de rutina, anunció que había decidido renunciar. La cara de los presentes en esa reunión lo decía todo: no terminaban de entender el gesto del Papa, totalmente revolucionario, pues habían pasado más de siete siglos desde que el último romano pontífice lo había hecho, san Celestino V. El Papa Benedicto XVI habló en latín, y algunos pensaron que no habían entendido bien. Pero no se equivocaron.

Se ha especulado mucho sobre los motivos últimos de su renuncia. Nosotros, sobriamente, preferimos presentar los que esgrimió el mismo interesado. He aquí las palabras del Papa Ratzinger:

Después de haber examinado ante Dios reiteradamente mi conciencia, he llegado a la certeza de que, por la edad avanzada, ya no tengo fuerzas para ejercer adecuadamente el ministerio petrino. Soy muy consciente de que este ministerio, por su naturaleza espiritual, debe ser llevado a cabo no únicamente con obras y palabras, sino también y en no menor grado sufriendo y rezando. Sin embargo, en el mundo de hoy, sujeto a rápidas transformaciones y sacudido por cuestiones de gran relieve para la vida de la fe, para gobernar la barca de san Pedro y anunciar el Evangelio, es necesario también el vigor tanto del cuerpo como del espíritu, vigor que, en los últimos meses, ha disminuido en mí de tal forma que he de reconocer mi incapacidad para ejercer bien el ministerio que me fue encomendado. Por esto, siendo muy consciente de la seriedad de este acto, con plena libertad, declaro que renuncio al ministerio de obispo de Roma, sucesor de san Pedro, que me fue confiado por medio de los cardenales el 19 de abril de 2005, de forma que, desde el 28 de febrero de 2013, a las 20:00 horas, la sede de Roma, la sede de San Pedro, quedará vacante y deberá ser convocado, por medio de quien tiene competencias, el cónclave para la elección del nuevo Sumo Pontífice.

Queridísimos hermanos, os doy las gracias de corazón por todo el amor y el trabajo con que habéis llevado junto a mí el peso de mi ministerio, y pido perdón por todos mis defectos. Ahora, confiamos la Iglesia al cuidado de su Sumo Pastor, Nuestro Señor Jesucristo, y suplicamos a María, su Santa Madre, que asista con su materna bondad a los padres cardenales al elegir el nuevo Sumo Pontífice. Por lo que a mí respecta, también en el futuro, quisiera servir de todo corazón a la Santa Iglesia de Dios con una vida dedicada a la plegaria.[1]

Benedicto cambiaba la historia del pontificado. El 28 de febrero de 2013, a las 20:00 horas, se convirtió en Papa emérito. Sus relaciones con su sucesor, Francisco, fueron de auténtica fraternidad y de fidelidad irrestricta a su persona. Se retiró a vivir, con su familia pontificia, a un monasterio dentro de la Ciudad del Vaticano. Sus intervenciones como Papa emérito fueron pocas y discretas. Acompañó a Francisco con su oración y a veces con su consejo. Con gran lucidez mental, pero con las fuerzas físicas disminuidas por su edad, el Señor se lo llevó a su seno el 31 de diciembre de 2022. Se fue con discreción, tal como vivió.

* * *

El 27 de febrero de 2013, en su última audiencia general, Benedicto XVI realizaba una especie de balance de su pontificado:

> Cuando el 19 de abril de hace casi ocho años acepté asumir el ministerio petrino, tuve esta firme certeza que siempre me ha acompañado: la certeza de la vida de la Iglesia por la Palabra de Dios. En aquel momento, como ya he expresado varias veces, las palabras que resonaron en mi corazón fueron: Señor, ¿por qué me pides esto y qué me pides? Es un peso grande el que pones en mis hombros, pero si Tú me lo pides, por tu palabra echaré las redes, seguro de que Tú me guiarás, también con todas mis

---

[1]   Benedicto XVI, *Declaratio*, Vaticano, 10 de febrero de 2013.

debilidades. Y ocho años después puedo decir que el Señor realmente me ha guiado, ha estado cerca de mí, he podido percibir cotidianamente su presencia. Ha sido un trecho del camino de la Iglesia, que ha tenido momentos de alegría y de luz, pero también momentos no fáciles; me he sentido como san Pedro con los apóstoles en la barca en el lago de Galilea: el Señor nos ha dado muchos días de sol y de brisa suave, días en los que la pesca ha sido abundante; ha habido también momentos en los que las aguas se agitaban y el viento era contrario, como en toda la historia de la Iglesia, y el Señor parecía dormir. Pero siempre supe que en esa barca estaba el Señor y siempre he sabido que la barca de la Iglesia no es mía, no es nuestra, sino que es suya. Y el Señor no deja que se hunda; es Él quien la conduce, ciertamente también a través de los hombres que ha elegido, pues así lo ha querido. Ésta ha sido y es una certeza que nada puede empañar. Y por eso hoy mi corazón está lleno de gratitud a Dios, porque jamás ha dejado que falte a toda la Iglesia y tampoco a mí su consuelo, su luz, su amor.[2]

Después de su muerte, fue publicado su testamento espiritual. Cabría aplicar a este documento el dicho castellano: "Genio y figura hasta su sepultura". La sencillez y humildad que caracterizó su vida, así como su amor por la verdad, que se alcanza con la fe y la razón, resplandecen en este breve texto, redactado el 29 de agosto de 2006. Con estas palabras ponemos fin a este breve libro:

---

[2] *Audiencia general*, 27 de febrero de 2013.

Si en esta hora tardía de mi vida miro hacia atrás, hacia las décadas que he vivido, veo en primer lugar cuántas razones tengo para dar gracias. Ante todo, doy gracias a Dios mismo, dador de todo bien, que me ha dado la vida y me ha guiado en diversos momentos de confusión; siempre me ha levantado cuando empezaba a resbalar y siempre me ha devuelto la luz de su semblante. En retrospectiva, veo y comprendo que incluso los tramos oscuros y agotadores de este camino fueron para mi salvación y que fue en ellos donde Él me guio bien.

Doy las gracias a mis padres, que me dieron la vida en una época difícil y que, a costa de grandes sacrificios, con su amor prepararon para mí un magnífico hogar que, como una luz clara, ilumina todos mis días hasta el día de hoy. La clara fe de mi padre nos enseñó a nosotros los hijos a creer, y como señal siempre se ha mantenido firme en medio de todos mis logros científicos; la profunda devoción y la gran bondad de mi madre son un legado que nunca podré agradecerle lo suficiente. Mi hermana me ha asistido durante décadas desinteresadamente y con afectuoso cuidado; mi hermano, con la claridad de su juicio, su vigorosa resolución y la serenidad de su corazón, me ha allanado siempre el camino; sin su constante precederme y acompañarme, no habría podido encontrar la senda correcta.

De corazón doy gracias a Dios por los muchos amigos, hombres y mujeres, que siempre ha puesto a mi lado; por los colaboradores en todas las etapas de mi camino; por los profesores y alumnos que me ha dado. Con gratitud los encomiendo todos a Su bondad. Y quiero dar gracias al Señor por mi hermosa patria en los Prealpes bávaros, en la que siempre he visto brillar el esplendor del Creador mismo. Doy las gracias al pueblo de mi patria porque en él he experimentado una y otra vez la belleza de la fe. Rezo para que nuestra tierra siga siendo una tierra de fe y les ruego, queridos compatriotas: no se dejen apartar de la fe. Y, por último, doy gracias a Dios por toda la belleza que he podido experimentar en todas las etapas de mi viaje, pero especialmente en Roma y en Italia, que se ha convertido en mi segunda patria.

A todos aquellos a los que he agraviado de alguna manera, les pido perdón de todo corazón.

Lo que antes dije a mis compatriotas, lo digo ahora a todos los que en la Iglesia han sido confiados a mi servicio: ¡Manténganse firmes en la fe! ¡No se dejen confundir! A menudo parece como si la ciencia –las ciencias naturales, por un lado, y la investigación histórica (especialmente la exégesis de la Sagrada Escritura), por otro– fuera capaz de ofrecer resultados irrefutables en desacuerdo con la fe católica. He vivido las transformaciones de las ciencias naturales desde hace mucho tiempo, y he visto cómo, por el contrario, las aparentes certezas contra la fe se han desvanecido, demostrando no ser ciencia, sino interpretaciones filosóficas que sólo parecen ser competencia de la ciencia. Desde hace sesenta años acompaño el camino de la teología, especialmente de las ciencias bíblicas, y con la sucesión de las diferentes generaciones, he visto derrumbarse tesis que parecían inamovibles y resultar meras hipótesis: la generación liberal (Harnack, Jülicher, etc.), la generación existencialista (Bultmann, etc.), la generación marxista. He visto y veo cómo de la confusión de hipótesis ha surgido y vuelve a surgir lo razonable de la fe. Jesucristo es verdaderamente el camino, la verdad y la vida, y la Iglesia, con todas sus insuficiencias, es verdaderamente su cuerpo.

Por último, pido humildemente: recen por mí, para que el Señor, a pesar de todos mis pecados y defectos, me reciba en la morada eterna. A todos los que me han sido confiados, van mis oraciones de todo corazón, día a día.[3]

---

[3] Benedicto XVI, Mi testamento espiritual, 29 de agosto de 2006. *L'Osservatore Romano*, edición semanal en lengua española, año LX, número 1, 6 de enero de 2023.

Benedicto XVI. El Papa de la fe y de la razón
Este libro se imprimió en la Ciudad de México,
19 de abril de 2023, 18° aniversario de la
elección del cardenal Joseph Ratzinger
como 265° sucesor de san Pedro,
en Litográfica Ingramex, S.A. de C.V.
Centeno 162-1, Granjas Esmeralda, Iztapalapa,
C. P. 09810, Ciudad de México, México